EDITORA AFILIADA

Dados Internacionais de Catalogação na Publicação (CIP)
(Câmera Brasileira do Livro, SP, Brasil)

Navarro, Federico
Metodologia da vegetoterapia caractero-analítica : sistemática, semiótica, semiologia, semântica / Federico Navarro : I
tradução Silvana Foá I . — São Paulo : Summus, 1996

Título Original: Metodologia della vegetoterapia caractero-
analítica.
Bibliografia.
ISBN 85-323-0575-x

1. Orgonoterapia 2. Psicoterapia 3. Reich, Wilhelm, 1897-
1957 I. Título

96-3839   CDD-616.8914

Índices para catálogo sistemático:

1. Vegetoterapia : Psicoterapia : Medicina 616-8914

FEDERICO NAVARRO

METODOLOGIA DA VEGETOTERAPIA CARACTERO-ANALÍTICA

SISTEMÁTICA
SEMIÓTICA
SEMIOLOGIA
SEMÂNTICA

METODOLOGIA DA VEGETOTERAPIA CARACTERO-ANALÍTICA
Sistemática, semiótica, semiologia, semântica
Copyright © 1996 by Federico Navarro

Traduzido da língua italiana por:
Silvana Finzi Foá

Revisão técnica:
Yvonne Vieira
Maria Alice Vassimon

Capa de:
BVDA/Brasil Verde

Proibida a reprodução total ou parcial
deste livro, por qualquer meio e sistema,
sem o prévio consentimento da Editora.

Direitos desta edição reservados por
SUMMUS EDITORIAL LTDA.
Rua Cardoso de Almeida, 1287
05013-001 — São Paulo, SP
Telefone (011) 872-3322
Caixa Postal 62.505 — CEP 01214-970

Impresso no Brasil

Sumário

Prefácio 7

Introdução 13

Diagnóstico e projeto terapêutico 21

O *setting* 27

Os *actings*, reações e advertências 37

As ab-reações emocionais 41

Os sonhos em vegetoterapia 45

Actings especiais 49

Os *actings* das primeiras sessões: ouvidos-olhos-boca 51

2º, 3º e 4º *actings*: olhos e boca 57

Actings do 3º e 4º níveis: pescoço e tórax 67

Actings do 5º nível: diafragma 75

Actings do 6º nível: abdômen; e do 7º nível:

    pélvis — sessões finais 83

A semântica em vegetoterapia 87

A crise de transformação caracterial (maturação)

    em vegetoterapia —Adendo 90

Bibliografia 92

Prefácio

Aos meus fiéis alunos "ortodoxos", com muito afeto.

Este livro nasce após quinze anos de gestação! Tão longo tempo pelo temor de que, ao "vir à luz", ele pudesse ser "depredado" e selvagemente utilizado por aqueles que "se fazem" de terapeutas reichianos sem o "serem", isto é, sem nenhum *training* terapêutico pessoal de base, sem formação nem informação teórico-prática, sem ter passado por um "controle", uma supervisão, uma didática.

Bem ou mal, há hoje, pelo menos na Itália, um registro dos psicoterapeutas, e, lá, o risco de que falei deveria ser menor! Quando meu mestre Ola Raknes, aluno, colaborador e amigo de W. Reich, pediu-me que, como neuropsiquiatra, preparasse e propusesse uma metodologia para a vegetoterapia caractero-analítica, além de ficar lisonjeado, a responsabilidade da tarefa deu-me muito o que pensar.

Nietzsche dizia que as coisas mais importantes são os métodos; penso que assim é porque eles devem ter uma base lógico-científica que possa comprovar sua validade, e porque não se pode confiar em propostas decorrentes de uma presunção narcísica de tipo paranóico, nem de alguma intuição mais ou menos selvagem...

Sobre o trabalho de vegetoterapia, só dispomos de algumas indicações do próprio Reich e de uma proposta genérica no texto de E. Baker.

Quanto à elaboração deste livro, quero, em primeiro lugar, agradecer ao amigo F. Leboyer, que na época (há uns doze anos!) apreciou muito o enfoque de meu trabalho clínico, visando sistematizar observações, técnicas e interpretações em um discurso unitário.

Percebo que um discurso, para ser válido, deve obviamente ser contínuo, e por isso serão bem-vindas as observações e sugestões que venham complementar este trabalho, que escrevo em memória a Ola Raknes, vínculo afetivo com W. Reich, e dedico a meus alunos "fiéis", próximos e distantes!

O termo "vegetoterapia" foi abandonado por Reich pelo de orgonoterapia, mas se o retomo é porque, como a orgonoterapia ainda não está pronta para fornecer instrumentos terapêuticos comprovados, os terapeutas reichianos (inclusive os do College of Orgonomy) utilizam, geralmente, apenas a vegetoterapia, cujo aprendizado, infelizmente, muitas vezes é transmitido somente em *trainings* pessoais.

Outra motivação deste texto é que, na atualidade, como justamente observou Castel, são evidentes os limites ou a mistificação da psicoterapia verbal e o abuso de tantas "psicoterapias corporais", que prometem felicidade e bem-estar...; e nesse âmbito se inserem pseudo-reichianos que, de Reich, compreenderam bem pouco. Penso que só um rigoroso respeito à prática clínica e ao pensamento de Reich pode dar os resultados clínico-sociais desejados; caso contrário, volta-se a cair naquele ecletismo e espontaneísmo que o "sistema" aceita de bom grado, para depois recuperar, uma vez mais, a falência de uma proposta de liberação humana por sua benéfica humanização!

A sociedade atual reprime mais do que nunca a natureza humana, e por isso assistimos à psicologização ou psiquiatrização como resposta a uma demanda real de amadurecimento, e isto leva a considerar a rebelião ou a rendição como uma doença.

O homem está perdendo progressivamente a percepção real, ou seja, social, do próprio corpo e das necessidades a ele ligadas, identificando-se sempre mais com seu papel, e tenta adequar-se aos ritmos desse papel, em vez de aos ritmos biológicos ligados à sua biografia (que deveria ser natural), isto é, à sua história. Uma vez que são as massas que determinam o individual, segue-se que as informações distorcidas incidem sobre a formação, e esta se expressa em emoções substitutas ou substitutivas, determinando, em relação à classe e à cultura dominante, estruturas sociais e carateriais dominantes, que constituem aquela que é considerada normalidade. E hoje, em vez de viver, o homem ainda procura sobreviver, mas, infelizmente, não pela potência, que é baseada em "humanidade", "humildade" e "humor", mas pelo poder.

Estamos, assim, perante a busca de certos valores que têm suas raízes, como sempre, na estrutura emocional humana, que é uma estrutura caraterial. Inevitavelmente, a repressão, em qualquer forma e nível, de um desenvolvimento psicoafetivo sadio altera a expressão, elemento de fundo de toda a temática reichiana. Explica-se que ao não poder realizar-se uma expressão horizontal como expansão, haverá necessariamente uma expressão no sentido vertical, para cima (misticismo) ou para baixo (mecanicismo).

De acordo com Spinella, sustentar a validade da Utopia implicará, cedo ou tarde, o abalo da atual pirâmide social cujo vértice (ponto mais fraco), paradoxalmente, apóia a amplitude da base!

Reportando-nos a Marx, uma vez que o homem é a conseqüência de suas relações, deduz-se que a neurose (e até mais!) de cada um de nós nunca é pessoalmente do indivíduo, mas algo transmitido, como a hemofilia!

Toda neurose é neurose do eu, e o eu, como dizia Freud, seguindo Nietzsche, é o nosso corpo; portanto, como replicou reichianamente Ammaniti, "um indivíduo, enquanto não readquire e não se reapropria do próprio corpo, dificilmente conseguirá adquirir outros níveis de autonomia". Traduzindo isso em biologia, podemos dizer que a liberdade, como fato íntimo, é a redescoberta dos próprios biorritmos, que determinam uma cinestesia funcional.

A vegetoterapia caractero-analítica tem como escopo (e método!) o funcionamento do ser vivo para chegar ao caráter maduro, o caráter genital, que decerto não é o estático e "adaptado" descrito por Fornari.

A vegetoterapia caractero-analítica é, portanto, uma vivência de práxis emocional, que permite ao indivíduo mudar a relação e a valoração do mundo por meio de uma visão e um sentir naturais, e com isso chegar a um "ser com" em vez de um "ser para". Ela não é uma técnica, ou seja, mecânica, mas uma metodologia ligada à disponibilidade que o terapeuta recuperou com seu *training* pessoal, quando superou a relação primária com a "mãe", como a definiu Arieti. Esse vínculo de dependência, inconsciente (e, para os reichianos, o termo inconsciente é um adjetivo e nunca um substantivo, um postulado, como para os freudianos!), explica a enorme dificuldade dos terapeutas selvagens que o exploram e o vivem!

A vegetoterapia caractero-analítica não é uma técnica de liberação emocional, é mais um projeto do que um programa; é uma tática para uma estratégia: aquela utopia que Reich propôs nos seus textos e foi retomada indiretamente, sem o saber, por Basaglia — o contato humano para reencontrar a alegria de viver, pois só com ela será possível "não se fazer de outro"!

Até hoje, todas as outras terapias compensam o indivíduo, mas não o fazem recuperar a funcionalidade do ser, que um bom vegetoterapeuta conhece como autogratificação real a partir da autogestão, por dela ter tomado consciência, e não apenas conhecimento, no trabalho que fez durante seu *training* pessoal e depois didático, e que é permanente! É óbvio, então, o combate rigoroso (e no entanto não rígido!) que uma verdadeira e séria escola reichiana move ao espontaneísmo diletante nesse campo, expressão de irresponsabilidade associada à onipotência narcísica de todo imaturo de orelhada!

Se não fosse (e é!) por temor à presunção, poderia dizer que nossa metodologia reichiana "cura", entendendo por cura que ela não se limita a analisar e a relaxar ou compensar, mas que — considerando todo aspecto da psicopatologia como uma expressão de imaturidade psicológica e caraterial ligada ao corpo — o trabalho terapêutico com o corpo proporciona sua maturação funcional, chegando à genitalização.

A isso se chega dissolvendo gradualmente, e não rompendo violentamente, os bloqueios energéticos que constituem a couraça psicológica ancorada no corpo, fazendo-o assim recuperar ("sentindo") o eu, que é corpóreo, e não apenas descarregando as tensões emocionais que o alienam. Isso significa reencontrar a energia bloqueada ou mal investida, e utilizá-la, no balanço sexo-econômico, para a transformação das relações existenciais e, portanto, da sociedade atual; para caminhar rumo a uma sociedade em que o supérfluo não sirva para compensar a falta ou carência do necessário. Em outros termos, uma proposta de revolução-evolução sociocultural permanente, ou seja, dinâmica, que supra as necessidades do homem, hoje com muita freqüência alienado e fraco, porque está privado de uma verdadeira consciência, e é vítima de uma falsa ou dupla consciência!

A vegetoterapia caractero-analítica, então, não privilegia somente o momento terapêutico, mas fornece os elementos para a prevenção da psicopatologia, enfatizando o aspecto dialético da vida enfocado na relação homem-sociedade, o que não é feito por nenhuma das outras terapias ditas psicocorporais.

Essa proposição da metodologia reichiana não é a única diferença das outras terapias psicocorporais, de inspiração reichiana ou não, entre as quais lembramos:

1) A *Gestalt* — de Pearls, para as pessoas incapazes de autocrítica e de auto-análise, e por isso necessitadas de auto-observação e de estímulos introspectivos para se integrarem;

2) O *grito primal* — de Janov, em que se propõe uma regressão vivenciada inconscientemente, ao passo que, na vegetoterapia, a regressão é consciente;

3) O *ioga* — que não é uma terapia, mas é utilizado como uma técnica terapêutica que impõe o autocontrole emocional, permitindo que a energia "suba" à cabeça, até atingir o estágio da meditação, com conseqüente abstração do indivíduo do mundo da realidade. Ao contrário, a vegetoterapia visa fazer a energia "descer" para chegar à genitalização do indivíduo, isto é, à possibilidade (potência) do contato íntimo, que é diálogo. No ioga não se "sente" a energia; na vegetoterapia há autogestão, e não controle, da energia emocional;

4) A *antiginástica* — de Mezières-Bertherat, na qual, à parte não se trabalhar a cabeça, mais uma vez a energia é conduzida, no corpo, de baixo para cima;

5) A *expressão corporal* — técnicas que se impõem ab-reações emocionais aqui e agora;

6) A *Biossíntese* — de Boadella, que tende a unificar aspectos da vegetoterapia com a bioenergética de Lowen, utilizando didaticamente interpretações psicanalíticas;

7) A *bioenergética* — de Lowen, que se diz inspirada em Reich, mas que, na realidade, não leva em consideração os sete níveis corporais indicados por Reich; não se preocupa com a maturação caraterial, embora proponha uma caracterologia "sua"; não destaca a importância da função do orgasmo; não privilegia a percepção do corpo. Diferenças entre a vegetoterapia e a bioenergética:

Vegetoterapia	*Bioenergética*
Utiliza massagem	Não utiliza massagem
Trabalha com a pessoa deitada	Trabalha com a pessoa em pé
Trabalha da cabeça para os pés	Trabalha dos pés para a cabeça
Trabalha metodologicamente	Trabalha sobre os bloqueios corporais principais
Trabalha o medo	Trabalha a raiva
Trabalha em profundidade, sem violência	Trabalha na superfície, com violência
Estimula ab-reações emocionais de dentro para fora	Estimula reações emocionais de fora para dentro
É ativa	É reativa
Tem por objetivo a genitalização orgástica do indivíduo, inserido na sociedade	Tem por objetivo o bem-estar do indivíduo, independentemente da sociedade;

8) A *terapia neo-reichiana* — técnicas que pressupõem que um "novo" Reich, hoje, trabalharia de certa maneira! As terapias neo-reichianas podem provocar, no indivíduo, uma confusão entre ser "livre" e ser "liberado"!

Para concluir, uma declaração que ouvi de alguém que se tratou com psicanálise: "Os freudianos te ensinam a chorar, os reichianos te ensinam a sorrir!". É verdade. Se a vida é um dom, não pode deixar de ser gratificante, e as palavras de Reich confirmam isso: "O amor, o trabalho e o conhecimento são as fontes da vida; devem também governá-la!".

Federico Navarro

Introdução

A vegetoterapia caractero-analítica é uma metodologia terapêutica com implicações socioculturais, ou seja, políticas (não partidárias!), cujo escopo é contribuir para transformar, gradual e progressivamente, a condição atual de nossa sociedade (causa da psicopatologia coletiva em que nos encontramos!).

Essa metodologia usa diversas técnicas, mas não é uma técnica de liberação emocional: é uma terapia!

A vegetoterapia é um trabalho terapêutico que atua sobre o sistema neurovegetativo; a análise caracterial é um trabalho de transformação de uma caracterialidade para produzir sua maturação em caráter genital.

A ação no sistema neurovegetativo é exercida sobre o temperamento; a ação na caracterialidade interfere nas tensões musculares produzidas por bloqueios da energia vital. É, portanto, uma terapia energética.

Disso decorre que o diagnóstico energético é mais importante do que o clínico: certos indivíduos definidos por nossa escola como hipogonóticos, isto é, com carência no patrimônio energético do organismo, não obterão nenhum benefício com a vegetoterapia se o terapeuta não aconselhar terapias energéticas convergentes e complementares. Obviamente não é possível trabalhar com a energia corporal se não houver energia suficiente!

Isso vale para os indivíduos que apresentam um núcleo psicótico descoberto ou uma biopatia primária. Tais indivíduos têm apenas uma caracterialidade aparente, porque, como a caracterialidade é uma expressão neuromuscular, a hipotonia muscular indica deficiência energética; não se trata de couraça caracterial.

O diagnóstico de distonia neurovegetativa, que tantas vezes acompanha o diagnóstico clínico, implica, do ponto de vista biológico, síndromes sempre caracterizadas por um desequilíbrio entre o sistema neurovegetativo simpático e parassimpático. Essa alteração do sistema neurovegetativo, responsável por boa parte das sintomatologias, mantém como causa e efeito uma tensão neuromuscular crônica em vários níveis corporais.

Basta uma massagem profunda (a massagem reichiana) para constatar que o corpo de um paciente tem tensões musculares crônicas (e, portanto, raramente percebidas pelo indivíduo!), distribuídas em vários níveis do corpo, estabelecidas desde o nascimento como defesa contra situações estressantes ou frustrantes, e que determinam a couraça muscular-caracterial.

Essas tensões musculares, expressas em atitudes que conferem ao corpo uma linguagem que pode ser decifrada, nascem de uma condição de hipertonia simpática reativa, por mecanismos adrenérgicos de defesa contra situações emocionais dolorosas.

De fato, o sistema simpático preside as funções de defesa ou fuga, cujas expressões motoras são bloqueadas por fenômenos de contração crônica da musculatura. É por isso que podemos dizer que, enquanto a memória intelectiva é fixada nas células nervosas, a memória emotiva é inscrita nas estruturas musculares que expressam determinada emoção.

Considerando que, para estabelecer condições de homeostase, é necessária uma "síndrome de adaptação" (Selye), é inevitável uma estruturação no tempo (portanto, histórica) do estado somatopsicológico do indivíduo. Assim, estabiliza-se um conflito para permanecer, se não funcional, pelo menos funcionante, daí ser falsa a dicotomia soma-psique e fundamental a relação indivíduo-ambiente, devido à ação dos *imprintings* e dos *insights*.

Essas premissas explicam a falência das terapias psicofarmacológicas, a menos que se pretenda criar condições estáticas, reforçando as tensões musculares-emocionais cronicizadas e, assim, removendo ainda mais para o fundo as tensões inconscientes que estão na base da síndrome, como bem assinalou R. Rossi.

Qualquer terapia verbal ou limitadamente gestual só traz benefício se hover ab-reações emocionais, com seus componentes neurovegetativos e expressivos; caso contrário, a verbalização pura e simples impõe enormes dificuldades à superação de conteúdos relacionados com as vivências associadas, especialmente do período pré-verbal. Este período, que também inclui a vivência emocional fetal (cuja grande importância é hoje reconhecida), é fundamental para a escola reichiana, porque é vivenciado pelo homem, como dizia Sartre, como emoções puras (alegria e prazer), ligadas ao parassimpático, ou como dor e retração (não como fuga, porque no início da vida há motilidade, mas não mobilidade), ligadas ao simpático.

Formam-se assim elementos importantes no inconsciente individual, não como expressões constitucionais, hereditárias ou inatas, mas como resultado de reações biológicas que incidem no "terreno" anátomo-fisiológico, predispondo-o, desde o nascimento ou mesmo antes, para determinadas patologias.

Sobre essas bases biológicas fundamenta-se a caracterologia e psicopatologia proposta por Reich e que procuramos retomar, aprofundando-a com contribuições decorrentes dos novos conhecimentos científicos e da experiência clínica.

Sobre tais bases biológicas nasceu a terapia que W. Reich definiu como vegetoterapia caractero-analítica (e que ele mesmo rebatizou de orgonoterapia, quando se tornou possível demonstrar a base energética subjacente aos fenômenos biológicos).

A vegetoterapia deseja curar o paciente valendo-se de determinadas intervenções corporais (*actings*) que provocam reações neurovegetoemocionais e musculares capazes de reestruturar uma psicoafetividade sadia, considerada desde o nascimento de um indivíduo.

O reequilíbrio neurovegetativo (por ativação do sistema neurovegetativo), acompanhado da análise do caráter (expresso pela linguagem corporal), colocam o indivíduo em condições não apenas de compreender, mas principalmente de "sentir" a sua capacidade, ou seja, o seu eu, e o seu "ser no mundo", como elemento dialético.

Portanto, é um de um discurso biográfico, porque, se as necessidades existenciais primárias (Marx), ligadas à base instintiva do mamífero humano (fome, sono, sexo) não forem satisfeitas, derivam disso frustrações, com os mecanismos psicodinâmicos de defesa ancorados no corpo. Tais mecanismos nascem da libido individual, cuja força é a energia vital, que as experiências de W. Reich (comprovadas!) demonstraram existir fisicamente.

Os mesmos princípios energéticos estão na base da medicina homeopática, da acupuntura, da medicina hindu e tibetana, dos chamados fenômenos parapsicológicos; e a energia é visível na aura e no efeito Kirlian.

Para tornar o corpo vivo, vital e funcional, essa energia deve circular livremente da cabeça aos pés e vice-versa, e encontrar, em uma sexualidade satisfatória e sadia (não apenas genital), sua via de descarga natural.

No homem atual, essa energia é quase sempre carente ou mais ou menos bloqueada, em um ou mais níveis corporais, em segmentos musculares que, retendo-a como anéis contraídos, impedem sua boa circulação.

Os segmentos do corpo foram chamados de "níveis" por Reich, em número de sete:

1º nível = olhos-ouvidos-nariz (telerreceptores);
2º nível = boca;
3º nível = pescoço;
4º nível = tórax (inclusive os braços);
5º nível = diafragma;
6º nível = abdômen; e
7º nível = pélvis (inclusive as pernas).

Nesses níveis é possível localizar as instâncias psicológicas "bloqueadas" (e não apenas no sentido simbólico!) que podem expressar, na linguagem do corpo, as problemáticas de um indivíduo, mesmo que ele não verbalize (o maxilar contraído indica raiva contida, o pescoço afundado nos ombros indica uma atitude de defesa crônica, e assim por diante).

Nosso contato com a realidade se dá por intermédio da sensorialidade (quatro dos sentidos estão localizados nos dois primeiros níveis, e o tato, que tem origem embriológica ectodérmica, como o cérebro, é o nosso cérebro externo: as doenças de pele são aquelas que expressam dificuldades de contato).

Toda a terapia reichiana baseia-se no contato que o indivíduo precisa ter consigo mesmo e com os outros; daí a importância das palavras que começam pelo prefixo "co" (*cum* = junto), porque significam uma situação dialógica, socializada: contato, comunicação, companheiro, colaboração, cooperação, comunhão, coito (*co-ire* = ir junto) etc.

A sensação é o estímulo que a emoção produz (*ex-movere* = movimento do interior para o exterior), e por isso, como os dois primeiros níveis funcionam desde o nascimento, é evidente a importância, em vegetoterapia, dos *actings* propostos para esses níveis, para provocar manifestações emocionais e neurovegetativas (que podem ser analisadas com a verbalização da vivência, para tornar conscientes sensações ou estados de ânimo bloqueados desde o período pré-verbal).

Por meio de tais ab-reações, a energia bloqueada no nível muscular é descarregada, desfazendo as tensões musculares e liberando o caminho para a circulação energética. O patrimônio energético, em sua maior parte, é acumulado na musculatura (ATP muscular) e o funcionamento se realiza mediante fenômenos de potencial de membrana com a atividade iônica, portanto, energética.

A importância da função muscular para a percepção, bem como a privação sensorial, foi demonstrada, na Itália, por Buscaino (relação entre musculatura ocular e alucinações), e, na Califórnia, por Jacobson, que chegou a dizer, paradoxalmente, mas com acerto, que o homem pensa com os músculos!

Consideramos que o homem vive com e por meio dos músculos, e as correlações entre psiquismo e distúrbios neuromusculares o confirmam: se a nossa natural agressividade (do latim *ad-gredir* = encostar, entrar em contato), que é fundamental para o desenvolvimento sadio, for frustrada, isto é, se a possibilidade de expressão for reprimida (por fatores culturais, preconceitos educacionais, ambiente estressante etc.), ela ficará emocional e energeticamente retida nos músculos e encontrará, como compensação substitutiva ou função reativa, a necessidade de descarregar-se psicologicamente; essas descargas nunca são satisfatórias e liberadoras, e por isso determinam estases energéticas em diferentes níveis corporais, responsáveis, além do mais, pelas somatizações, que são objeto da somatopsicodinâmica.

Com a vegetoterapia caractero-analítica, o indivíduo redescobre seu funcionamento biológico baseado em seus biorritmos e chega à autorregulação, e, portanto, autogestão (não controle) emocional, fundamento de uma vida social sadia, por ser natural, e sem nenhuma tendência a ideologizar místico ou mecanicista, mesmo no caso de ideologias proclamadas "alternativas". Resta o fato de que as *ideologias* alternativas podem ser facilmente reabsorvidas pelo "sistema", mas as *práticas* alternativas, não!

Em vegetoterapia, é importante ligar o que se diz ao que se faz, o técnico com o político, para reencontrar a coerência e evitar o risco de cair em um tecnicismo com fim em si, ou em uma prática política que deixa de lado o específico, ou seja, o homem!

Uma vez que a vegetoterapia adota o pensamento funcional, é necessário sublinhar que sua metodologia não pode nem deve ser aplicada de maneira mecanicista.

Não se trata de "exercícios de ginástica", mas de uma proposta capaz de recuperar, por meio de movimentos musculares específicos — simples, intencionais, ativos —, determinadas funções neuropsicológicas ligadas à esfera emocional. Isto pressupõe respeitar rigorosamente os tempos dos *actings*, assim como sua freqüência, cuja duração é propícia para determinar as ab-reações que provocam o *insight* psicodinâmico.

Por isso é absolutamente necessário, para compreender o significado psicológico de cada *acting*, que o terapeuta seja realmente reichiano.

Isso significa que ele tenha concluído seu *training* pessoal, para ser capaz de poder "sentir" a emoção do indivíduo em terapia ligada ao *acting*, por tê-la experimentado em si mesmo.

É *não apenas desonesto*, mas certamente perigoso aplicar a metodologia de maneira mecanicista ou sem levar em conta o percurso da circulação energética, de cima para baixo do corpo: conduzindo a energia para o alto, corre-se o risco de fazer explodir o núcleo psicótico "coberto" e compensado, determinando uma crise descontrolada.

O respeito rigoroso pelos tempos dos *actings* nasce da experiência de que, muitas vezes, as ab-reações emocionais se manifestam *no último minuto!* As indicações sobre a freqüência dos *actings* devem ser entendidas como proposta mínima. Se a condição daquele nível ou segmento ainda não tiver sido recuperada, isto é, se persistirem sensações desagradáveis ou incômodas, o *acting* deve ser repetido nas sessões ulteriores.

A condição de desbloqueio realiza-se quando o indivíduo, que no princípio percebia aquele *acting* como desagradável ou indiferente (a indiferença à sensação é uma defesa a ser analisada!), passa a senti-lo como agradável.

Observemos aqui a validade do pensamento funcional dos pólos opostos: o traço caracterial masoquista comum a todos nós, muitas vezes, nos leva a transformar o prazer em desprazer; com a vegetoterapia, temos a possibilidade de "descobrir", pela repetição dos *actings*, que uma condição desagradável pode se tornar agradável (ou seja, nos é inerente a potência biológica de mudança, porque a função biológica é congenitamente prazerosa, e só depois se deforma!). (E isso prova que o masoquismo faz parte da caracterialidade, não é biológico, como pensava Freud!) Outro motivo pelo qual é indispensável que o terapeuta

18

tenha concluído seu *training* de formação é que, estando a caracterialidade inscrita no corpo, durante a sessão, a análise do caráter é feita "lendo" para o paciente seus *actings*, isto é, *como* eles são realizados em determinados momentos; e isso porque cada *acting* "*significa*" (*não simboliza!*) um aspecto e um momento da personalidade em seu desenvolvimento psicoafetivo existencial e não é, portanto, apenas uma leitura estática do corpo, mas também de seu movimento expressivo.

Em vegetoterapia, a verbalização e a interpretação só são feitas depois que o indivíduo levou a termo o *acting* que lhe foi proposto na sessão: pergunta-se que sensações ele experimentou e a que as associou e, logo depois, pergunta-se o que lhe passou pela mente durante o *acting* e o que isso recorda; depois, se for oportuno para a análise caracterial, será levado a observar *como* realizou o *acting* e a relação entre esta expressão e a caracterialidade.

Quando terminei meu *training* em psicanálise com Levi-Bianchini, ele me disse que, para ser um bom psicanalista, precisava aprender três coisas: "Escutar, escutar e escutar!". Minha atual experiência em vegetoterapia me leva a dizer que, para ser um bom vegetoterapeuta, é preciso aprender três coisas: "Esperar, esperar e esperar"! Dar tempo ao tempo, para que ocorram a transformação e o amadurecimento caracterial. Como dizia Mao Tsé-tung, não se pode fazer uma planta crescer puxando-a pela ponta!

No meu primeiro encontro com Eva Reich, quando lhe expus as linhas de todo o trabalho que propunha para nossa Escola, seu comentário foi: "Penso que tudo isso significa ser verdadeiramente 'pós-reichiano'". E realmente este é o objetivo da minha pesquisa e da minha contribuição para aqueles que acreditam e têm fé no pensamento de W. Reich. Um terapeuta reichiano, ou melhor, de tendência reichiana, como dizia com precisão uma senhora francesa, deve conhecer não só a metodologia da vegetoterapia, mas também os elementos fundamentais do pensamento funcional, da orgonomia, da psicologia e psicodinâmica reichiana e pós-reichiana, da caracterologia reichiana e pós-reichiana, da psicopatologia e psiquiatria funcional, da somatopsicodinâmica e, além disso, lembrar que na base de toda patologia há a emoção do medo. O medo é o obstáculo a todo funcionamento sadio do ser vivo, é a causa de todo impasse, de toda resistência, de toda violência.

Para concluir, é importante lembrar o que afirmava Oshawa: "A teoria sem prática é inútil, a prática sem teoria é muito perigosa".

Diagnóstico e projeto terapêutico

O diagnóstico em vegetoterapia caractero-analítica proporciona condições para se criar um projeto terapêutico, a ser realizado por meio da metodologia.

A orgonoterapia, da qual faz parte a vegetoterapia, requer não só o diagnóstico clínico, mas sobretudo o diagnóstico energético.

Como indiquei no *Somatopsicodinâmica* e no *Caracterologia pós-reichiana*, há cinco estruturas energéticas (a sexta, a do caráter maduro, é o que se pretende encontrar ao término de uma terapia bem-sucedida!):

A *primeira estrutura* é a de "hiporgonótica", característica de um dano embrionário, que se evidencia no autismo ou no equivalente somático de tumores malignos (especialmente infantis), irremediavelmente incuráveis.

A *segunda estrutura* é a de "hiporgonia desorgonótica", característica de um dano fetal, que se evidencia na presença de um núcleo psicótico (e/ou no aparecimento precoce de manifestações psicóticas) ou no equivalente somático de tumores malignos ou doenças sistêmicas e/ou degenerativas graves, que têm alguma possibilidade de recuperação com terapias energéticas convergentes (inclusive a vegetoterapia, tendo em vista sua ação sobre o sistema neurovegetativo).

A *terceira estrutura* é a de "desorgonia", ou seja, de uma carga energética adequada (ao indivíduo), mas mal distribuída, característica de um núcleo psicótico encoberto (que sempre pode explodir!), como as síndromes *borderline* (limítrofes) com o equivalente somático de doenças sistêmicas e/ou degenerativas com boas possibilidades de recuperação com terapias energéticas convergentes (inclusive a vegetoterapia).

A *quarta estrutura* é a de "hiperorgonia desorgonótica", isto é, presença de uma carga energética excessiva, mas mal distribuída, característica da psiconeurose, com o equivalente somático de doenças somatopsicológicas, para as quais a vegetoterapia, ao provocar uma dessomatização, traz valioso resultado.

A *quinta estrutura* é a de "hiperorgonia", característica da neurose, com o equivalente somático em somatizações, para as quais a vegetoterapia proporciona ótimos resultados.

O modelo terapêutico que inspira o projeto terapêutico é a estrutura homeoorgonótica do caráter genital, ou seja, maduro, que a potência orgástica defende de qualquer patologia!

Os instrumentos para o *diagnóstico* são: 1) a história clínica ou anamnese; 2) a massagem; 3) o teste T de Reich, o teste laboratorial de Vincent; 4) testes psicológicos como "colorir figuras", Rorscharch T.A.T.C.A.T., que também podem ser propostos para acompanhar a evolução da terapia; 5) nos casos em que se faz necessário o teste de Tomatis Bernard (psicofonoaudiologia); e 6) as próprias sensações do(a) terapeuta.

1) *A anamnese* — deve levar em consideração como foi o período de gestação da mãe do paciente; como foi o parto (nascimento do paciente); como foi a amamentação e o desmame; qual é o posto do paciente no número de filhos; a relação afetiva dos pais, entre eles e com o paciente; eventuais dificuldades escolares; se houve problemas com a masturbação; a religião da família; o eventual credo político da família; as condições econômicas da família; a época de início e o desenvolvimento das menstruações; o uso de óculos, em qual idade e por que; a primeira experiência de sexualidade genital; a ocupação do paciente e se ele gosta do seu trabalho; o estado civil do paciente e suas relações com o(s) parceiro(s); se tem filhos, quantos e qual a relação do paciente com seus pais e com seus filhos; as doenças mais importantes que teve na infância (particularmente tifo, malária, meningite, devido aos seus reflexos na funcionalidade cerebral — nesses casos pedir eletroencefalograma!); suas condições físicas atuais (sono, apetite, funções intestinais, apetite sexual — este, se satisfeito ou não); "experiências" homossexuais; uso de drogas; inte-

resses socioculturais; e por que quer fazer terapia. Leva-se em conta não apenas o que a pessoa diz, mas como o faz.

2) *Massagem* — é a chamada massagem reichiana. Essa massagem (muitas vezes transformada em mero rótulo comercial, abusando do nome de Reich) é técnica diagnóstica e relativamente terapêutica. Por ser "energética", deve ser feita... energicamente: o terapeuta apóia com firmeza as pontas dos seus dedos sobre as massas musculares e mobiliza-as na direção caudal. Os níveis bloqueados ou com forte tensão, quando submetidos à massagem, provocam uma reação desagradável ou dolorosa no indivíduo; este é convidado a se expressar, sem ficar cerrando os dentes e agüentando, bancando o "herói" (masoquista)! Com a massagem, não apenas o indivíduo "sente" e percebe suas tensões musculares, até então inadvertidas, por serem crônicas, mas também o terapeuta, que, ao localizá-las, dá-se conta da magnitude dos bloqueios energéticos e de seu significado, de acordo com o nível e o lado do corpo em que se situem (lado esquerdo, mãe; lado direito pai; o contrário no canhoto). Posteriormente, a massagem será feita no começo de cada sessão, para mobilizar a energia, particularmente nos pacientes com núcleo psicótico, para facilitar o contato. É fundamental, em todos os casos, massagear os três primeiros níveis, aqueles que definimos como pré-genitais (que estão na base histórico-biológica da personalidade), até que termine o trabalho terapêutico com esses níveis.

3) O *teste T de Reich* está explicado no livro *A biopatia do câncer*. Seu objetivo principal é comprovar a predisposição degenerativa sangüínea e, portanto, as biopatias. *Teste laboratorial de Vincent* — a ser feito na saliva, no sangue e na urina, mede: a) o pH, isto é, o índice alcalino ou ácido, expresso pelo valor em prótons; b) a resistência ($2H_2$), que corresponde, medindo os valores em elétrons, ao potencial de óxido-redução, isto é, a possibilidade de um ser vivo receber e dar oxigênio (ou seja, elétrons); se o $2H_2$ for igual a 28 significa que o sistema não é capaz de fixar O_2 e isso é igual morte!; c) a resistência, que define o momento magnético ligado à mineralização (quanto mais mineralizada for a solução, menor a resistência, isto é, a capacidade de um "meio" iônico deixar-se atravessar por uma corrente elétrica).

Esse teste avalia, portanto, o terreno bioenergético de um indivíduo, e a observação somatopsicodinâmica ligada a esse teste permitiu revelar que a estrutura hipoorgonótica apresenta um terreno alcalino-oxidado, enquanto a estrutura desorgonótica apresenta um terreno ácidooxidado; a hiperorgonótica-desorgonótica, ácido-reduzido; e a hiperorgonótica, um terreno alcalino-reduzido.

No que diz respeito à clínica, pode-se considerar ou não a oportunidade de terapias convergentes.

4) *Teste psicológico de "colorir figuras"* — de minha autoria (registrado no escritório científico de Florença, Itália), consiste em propor ao indivíduo escolher uma figura em um grupo de cinco e a colorir. A figura escolhida, as cores usadas, o tempo para colorir etc. fornecem indicações sobre a personalidade do indivíduo. Esse teste, repetido em intervalos de tempo no decorrer terapia, fornece elementos para avaliar a evolução da terapia.

5) *Teste de audição* (Tomatis e Bernard) — em cujo diagrama é possível situar os vários níveis do corpo e verificar sua funcionalidade segundo a intensidade do bloqueio energético ocorrido durante a vida intra e extra-uterina.

A integração dos vários dados possibilita um diagnóstico correto, e este permite elaborar um projeto terapêutico para cada paciente, individualmente.

O *projeto terapêutico* é fundamentalmente energético e, conseqüentemente, clínico.

A possibilidade de poder identificar, em um paciente, qual é o seu "bloqueio" energético-psicológico primitivo, qual é o bloqueio principal e qual(is) é(são) o(s) secundário(s), indicará ao terapeuta a maior ou menor importância de trabalhar em um ou outro nível do corpo, conhecendo o significado psicológico e a problemática associada aos vários níveis. É preciso lembrar que esses níveis não são apenas contíguos, mas também contínuos e, por isso, muitas vezes, há contaminação entre dois níveis. O projeto terapêutico tem como modelo o caráter genital; e por isso a terapia deve levar à descoberta do amor, aquele amor que deveria ter sido apreendido do corpo materno, e terminar, não com o prazer, mas com a alegria de viver. A terapia procede por etapas, não por metas determinadas! Em terapia, o paternalismo impede o crescimento; o mesmo acontece no caso da sedução. Há uma grande diferença entre paternalismo e disponibilidade. Em terapia, é fundamental chamar o paciente de "você" (assim como o paciente ao terapeuta), para reforçar o contato. Tudo isso significa que a vegetoterapia é uma pesquisa metódica, e não uma técnica, para conseguir o amadurecimento das funções. Após cada sessão, verifica-se no paciente uma "reatualização", índice de sua transformação.

Em vegetoterapia, a espera terapêutica significa esperar a exploração do inconsciente (ligado, como diz G. Gangemi, à couraça!).

No projeto terapêutico, cuidados especiais devem ser tomados quando se trabalha com indivíduos hipoorgonóticos, aqueles cuja nota patogênica remonta ao período intra-uterino. São de pacientes com um núcleo psicótico, indivíduos com baixo patrimônio energético, para os quais a caracterialidade é totalmente superficial e instável. Dado que a vegetoterapia trabalha com o caráter, que é a estrutura neuromuscular formada só após o nascimento, pode-se fazer um trabalho válido apenas se houver possibilidade de carregar energeticamente esses pacientes: sem isso, as intenções terapêuticas são mera veleidade. Nesses casos, junto com a vegetoterapia, é preciso utilizar o acumulador ou cobertor orgônico, uma dieta energética rica em certas vitaminas (em especial a F) e a administração da enzima peroxidase (SOD). Sabemos que é só depois do nascimento que amadurece a funcionalidade visual, que faz do homem um mamífero óptico, ao passo que, durante a vida fetal, foi um mamífero acústico. Por isso, é oportuno associar à vegetoterapia, nesses casos, o "ouvido eletrônico" de Tomatis: as vibrações energéticas do som ajudarão a integração funcional dos três cérebros (Mac Lean).

Como veremos adiante, a exploração da função auditiva na primeira sessão poderá confirmar ou não essa indicação. O "ouvido eletrônico" de Bernard para outros casos. E mais: a proposta metódica de E. Guillè permite reconstituir a capacidade evolutiva presente nas estruturas embrionárias; se os suportes vibratórios (S.V.) (na realidade, nossas macromoléculas, entre as quais oDNA) estiverem muito fracos, é possível animá-los com boas energias vibratórias (E.V.).

As impressões uterinas determinantes estruturam o temperamento, que é favoravelmente influenciado com esses auxílios terapêuticos, como "base" sobre a qual construir a personalidade.

As intervenções terapêuticas na vida intra-uterina são fundamentais nestes casos, e somente nestes, para depois estruturar uma caracterialidade.

F. Dragoto, M. S. Pinuaga propõem técnicas de derivação oriental, com o objetivo de facilitar o contato intra-uterino e criar a *maternagem* na relação terapêutica. Porém, além do fato de que, obviamente, não deveriam ser aplicadas em grupo, ainda não há para elas uma metodologia bem definida.

No projeto terapêutico deve-se levar em consideração a "audiodinâmica", de C. Paolillo, a ser utilizada quando o trabalho terapêutico chegar ao diafragma, para melhor integração energética do indivíduo no fim da terapia.

É oportuno que o terapeuta tenha presente o que dizia Epicuro: "Se te afastares das sensações, não terás mais nada". E o que diziam os filósofos escolásticos: "Nada há na mente que não tenha estado antes nos sentidos".

O projeto terapêutico tenderá a que o paciente tenha um modo de ser homogêneo e simultâneo, segundo a indicação válida de Mao Tsé-tung: "indivíduo > coletividade > indivíduo"... claro exemplo de seu modo de pensar funcional reichiano. A terapia, portanto, chegará a provocar no indivíduo uma libertação liberada e não uma liberdade liberada.

A validade e qualidade do projeto terapêutico pode ser verificada considerando-se o nível de gratificação proporcionado pela recuperação funcional durante a reconstrução terapêutica do desenvolvimento psicoafetivo do indivíduo.

É oportuno lembrar que a vida afetiva é comparável a uma espiral de percurso centrípeto, ao passo que a vida social é como uma espiral de percurso centrífugo. No projeto terapêutico, deve-se reiterar a necessidade de que os níveis corporais mais envolvidos em cada caso recebam um tempo de "trabalho" maior. Inclui-se no projeto terapêutico a eventual indicação, pelo vegetoterapeuta, de terapias energéticas convergentes e complementares, bem como a recomendação de não fazer, paralelamente, outras terapias de tipo energético que possam perturbar a evolução da vegetoterapia (como o ioga, utilizado impropriamente como terapia!, a bioenergética, a acupuntura — nos casos de hiporgonia —, a antiginástica etc.).

O projeto terapêutico deve induzir o indivíduo a se querer bem (não egoisticamente!) e a se desculpabilizar.

O *setting*

O *setting* da vegetoterapia caractero-analítica tem certas conotações especiais:

1) *Ambiente* — deve ser suficientemente espaçoso e bem arejado, para se poder colocar um divã plano, sólido, relativamente macio, sobre o qual o paciente possa distender-se confortavelmente. O divã deve ter cerca de 50 cm de altura.

Como as sessões são muitas vezes "ruidosas", se não for possível haver isolamento acústico, o local deve, pelo menos, estar em condição de não propagar excessivamente o som. (Um terapeuta de Nápoles, que atendia no térreo, deu com a polícia na porta, que fora chamada por um vizinho assustado com o barulho da sessão.)

O trabalho deve ser feito na penumbra, com temperatura *não* inferior a 24°, porque a vegetoterapia requer que o paciente não use roupas ou acessórios (relógio, jóias etc.) no corpo.

Para o trabalho de vegetoterapia, deve-se dispor de: a) lenços descartáveis à disposição do paciente quando forem necessários; b) um recipiente para lixo, que possa também ser utilizado em caso de vômito do paciente; c) toalhas pequenas, a oferecer ao paciente para realizar o *acting* da "mastigação"; d) uma lanterna de bolso, para realização dos *actings* com luz sobre os olhos; e) um objeto leve, não transparente, para proteger um dos olhos da luz, nos *actings* da primeira sessão; f) torrões de açúcar para oferecer ao paciente, se ele tiver sensação de fome, ao trabalhar com os *actings* da boca.

A poltrona do terapeuta deve ser confortável, móvel e, se possível, com apoio para a cabeça.

2) *Modalidades* — cada sessão dura mais ou menos uma hora e meia, e o terapeuta tomará nota do trabalho efetuado para poder programar a sessão seguinte.

O paciente deve ser informado de que as sessões que não forem desmarcadas com 48-24 horas de antecedência serão cobradas e que os seus atrasos (além do que, se habituais, devem ser analisados!) não serão compensados. O atraso do terapeuta deve ser compensado!

Evitar informar ou comunicar qualquer coisa ao paciente antes do início da sessão, para que não ocorra uma eventual polarização da sua atenção, o que pode "influenciar" a sessão. Na medida do possível, atender um eventual pedido de mudança do dia ou horário da sessão.

3) *Paciente* — se o paciente não conseguir tirar a roupa em razão do pudor (o pudor faz parte da caracterialidade, equivale à vergonha, ou seja, ao medo de ser julgado, associado ao sentimento de culpa), pede-se que ele se dispa... dentro dos limites do pudor — em todo caso, que pelo menos os homens fiquem de cueca e as mulheres fiquem de calcinha. Isto para poder observar as eventuais reações musculares do corpo durante a realização dos *actings*.

A experiência terapêutica ensina que, muitas vezes, mais para o fim da terapia, quando já há um bom contato com o seu próprio corpo (ou seja, com o seu próprio eu), o paciente não tem mais vergonha, e tirar a roupa torna-se um fato natural e espontâneo.

O paciente deve ficar deitado no divã, com as pernas dobradas, de modo que os pés fiquem bem apoiados, e deve respeitar o "aqui e agora" mantendo os olhos abertos durante toda a terapia.

Como na psicanálise, é proibido fazer vegetoterapia com o mesmo terapeuta, para pessoas que tenham vínculos afetivos entre si ou com o terapeuta.

4) *Terapeuta* — diversamente da psicanálise, o terapeuta fica sentado à direita do paciente, a mais ou menos um metro de distância. Se o paciente for canhoto (sendo o lado esquerdo expressão de feminilidade), o terapeuta senta-se à esquerda. Durante o trabalho com os três primeiros níveis (os níveis pré-genitais), eventuais ab-reações emocionais

penosas para o paciente poderão ser aliviadas tranqüilizando-o verbalmente, fazendo-lhe carícias, segurando sua mão, abraçando-o afetuosamente, mas sempre evitando ações de *"tender love care"*! O *acting* interrompido por resistência do paciente ou por causa de uma ab-reação deve ser repetido na sessão seguinte. Como regra geral, cada *acting* deve ser repetido enquanto não atingir seu objetivo, provocando uma reação/sensação, agradável.

É importante que o paciente *não tenha medo* de expressar diretamente para o terapeuta suas emoções e eventuais reações. Ola Raknes dizia que o paciente pode até agredir o terapeuta, mas (como terá sido avisado no início da terapia) este tem o direito de se defender! Não foi por acaso que Rieff escreveu: "Se o terapeuta junguiano é um teólogo, o reichiano é um mártir!".

Além disso, deve-se avisar que o tempo que o paciente leva para tirar a roupa e depois para se vestir é contado no tempo da sessão!

A melhor forma de pagamento é ao fim de cada sessão, mas pode ser feito no fim do mês. Melhor mesmo seria pagamento mensal adiantado! A freqüência das sessões (de uma hora e meia) varia conforme a gravidade do caso e a idade do paciente.

5) *Sessão* — são proibidas as manifestações histéricas, teatrais (freqüentes em quem teve experiência com bioenergética!): serão admitidas quando se chega ao trabalho na pélvis (sede da histeria).

Se o paciente realizar os *actings* violentamente, bastará lembrá-lo (como dizia Freud em uma carta a Einstein, referindo-se a Hitler) que a violência não equivale à potência.

O terapeuta que tiver respeito pela deontologia não gravará uma sessão: a sessão é do paciente e não do terapeuta. Se o paciente, por interesse seu, quiser gravar sua sessão, é óbvio que pode fazê-lo.

Também na vegetoterapia há "fugas"! A fuga do paciente (quando não se deve a um erro terapêutico!) pode ocorrer, muitas vezes, quando se trabalha com os olhos, isto é, com o medo de "enxergar", "sentir", "contatar" a realidade. O paciente não quer tomar consciência de seu núcleo psicótico, tem muito medo e então... foge. Outra fuga é ligada ao trabalho com o diafragma (sede do masoquismo). Neste caso, a ansiedade é insuportável e o masoquista é capaz de renunciar à cura, destruindo todo o trabalho feito até então!

Quanto aos "conselhos" do terapeuta, este recordará o ditado "Não me dê conselhos, sei errar sozinho" e se absterá de responder ao pedido de "conselho", mas, *no começo da terapia*, avisará o paciente que evite tomar decisões relativas à vida afetiva e social até que o trabalho de vegetoterapia tenha chegado ao diafragma.

6) *Drogas* — não há drogas leves inócuas e drogas pesadas nocivas. É necessário explicar pacientemente que toda droga é uma fuga da realidade, um paraíso artificial para evitar o desconforto da realidade insuportável para um eu fraco. O paciente deve ser avisado de que a regra de abstinência de drogas será aplicada quando terminar o trabalho com o tórax, sede do eu, sob pena de suspensão da terapia! Durante a sessão, o paciente não pode fumar; o terapeuta... não deveria fumar — o fumo é um ansiolítico, e o terapeuta precisa "trabalhar" com a ansiedade do paciente no interesse deste. Durante a sessão, o pedido de ir "fazer xixi" só é atendido se a necessidade for *realmente urgente*!

No começo da sessão, é oportuno perguntar ao paciente "como vai indo", lembrando-lhe de que, se "vai mal", é, paradoxalmente, um sinal positivo, pois significa que ele está reagindo à terapia. Uma terapia que, em certo momento, não coloque o paciente em crise, significa que não está provocando nenhuma mudança psicológica!

No fim da sessão, é bom perguntar ao paciente "como está se sentindo", para eventualmente tranqüilizá-lo e fazer com que termine a sessão sempre serenamente. Em casos excepcionais, o paciente pode fazer uma sessão suplementar ao previsto: é necessário que ele aprenda a gerir *sozinho* a sua "neurose" e evitar a instauração de uma dependência patológica!

7) *Verbalização* e *interpretação* — em vegetoterapia, a verbalização é feita perguntando ao paciente, após ele realizar um *acting*, quais *sensações* experimentou e se estas fizeram-no lembrar-se de alguma coisa e, principalmente, se estas sensações foram prazerosas ou desagradáveis; depois, pergunta-se o que lhe passou pela mente e se isso lhe lembra alguma coisa. Utiliza-se, pois, o método das associações. Se a verbalização for uma racionalização, isto será observado ao paciente. Se necessário, como análise caracterial, faz-se o paciente observar *como* ele executou o *acting* e a relação entre esta sua expressão e sua caracterialidade. Esta é a interpretação da sua linguagem corporal, linguagem que tem uma leitura específica para cada *acting*, como veremos adiante.

É importante ter sempre presente que a palavra-símbolo conduz a uma interpretação subjetiva, enquanto a palavra-sinal tem um significado funcional. Nunca é preciso dar duas interpretações nem fazer com que o paciente jogue fora o seu passado, mas que o integre. Os sinais de uma emoção caracterizam a caracterialidade individual.

Mais: nunca mentir para o paciente; dizer, no momento certo e da forma correta, a verdade.

Não criticar nem subestimar os disbúrbios.

Lembrar que os *actings* verbais devem ser feitos pelo paciente usando sua língua materna.

O terapeuta deve rejeitar a racionalização das contradições, pois deste modo elas não são vivenciadas emocionalmente! Toda contradição é sinal de incoerência.

Na vegetoterapia, a verbalização terapêutica usa o critério analógico, e não o critério interpretativo. A interpretação requer racionalização, é cultural, é subjetiva por parte do terapeuta, que assim assume um papel dirigente.

8) *Resistências* — (a serem distinguidas de transferência negativa) se dão geralmente no nível corporal. As mais comuns são:

a) Sonolência ou até sono. Porém, a sonolência pode ser fisiológica, no sentido de que, como os *actings* devem ser repetidos, quando o paciente realizou corretamente o *acting* nas sessões anteriores e este se tornou agradável, relaxante e repousante, isso pode induzir a um doce abandono e sonolência, que não deve ser considerada resistência. Diferente é o caso da sonolência (ou até mesmo sono!) quando se está no começo da realização de um *acting*, especialmente com os olhos. Neste caso, é oportuno interpretar a resistência como defesa contra o medo (do quê?) ou como manifestação de auto-sabotagem inconsciente da terapia, de natureza masoquista. Nessas circunstâncias, deve-se lembrar ao paciente a importância da aliança terapêutica: há um compromisso de lealdade latente entre o terapeuta e o paciente para cumprir o projeto terapêutico; caso contrário, a terapia será impossível e é inútil continuar. Isso significa reiterar a responsabilização recíproca e analisar o significado da demanda.

b) Execução mecânica, como ginástica, dos *actings*, para os quais não se requer perfeição, mas ritmo, que permitirá que o paciente "entre" no *acting*, satisfazendo, ao superá-lo, a sua "necessidade" frustrada.

A realização mecânica, sem intencionalidade psicológica, é um mecanismo de defesa de tipo dissociativo e de duplicação, por medo de provar as emoções que advêm com a ativação da sensorialidade.

c) Desejo neurótico de agir para sabotar o *acting*. Toda pausa durante um *acting* é sempre uma pausa dinâmica. Todo *acting* é técnica que faz parte de um método! Para ser sadio, o paciente deve "sentir" e depois "compreender": compreender sem sentir é psicopatológico!

d) Transferência, que pode ser uma resistência. Para o bom resultado da terapia, é necessário "agarrar-se" a ela, não ao terapeuta. O terapeuta deve explicar o papel que o indivíduo está atribuindo a ele. A relação do terapeuta com o paciente é real; a do paciente com o terapeuta, no começo, é irreal, depois real.

Vale lembrar que as defesas acabam destruindo aquilo que se queria proteger!

e) A verbalização excessiva equivale a uma racionalização, que é uma resistência.

f) A transferência erótica é uma resistência, mas às vezes é uma maneira de "pôr à prova" a força do eu do terapeuta e a sua coerência.

9) *Transferência* e *contratransferência* — como dizia com justeza Jung, toda relação existencial implica transferência e contratransferência. Diferentemente da psicanálise, na vegetoterapia, a transferência não é apenas interpretativa (que coloca o terapeuta em uma posição diretiva de tipo autoritário, porque sempre é ele quem tem razão!), mas é também "discutida", pois, às vezes, o paciente pode ter razão e reagir com uma "transferência negativa"; neste caso, o vegetoterapeuta deverá humildemente (humildade é sabedoria e não humilhação!) registrar e reconhecer isso.

Além disso, em vegetoterapia, a transferência se expressa também com o corpo! Rejeitando os *actings*, aborrecendo-se com os *actings*, não verbalizando os *actings*, ridicularizando os *actings*, não suportando os *actings*, tendo medo dos *actings*.

M. Brouillet fala de transferência corporal, ou seja, que "na transferência o corpo dá a conhecer algo que está no limite do verbalizável e que deve poder ser conhecido pelo terapeuta por meio da empatia, da intuição e da experiência pessoal que vivenciou em sua própria terapia".

A linguagem do corpo, na relação transferencial, indica qualidade e intensidade, a partir do grau de inadequação, ambivalência, esforço, inconstância ou tenacidade com que se realiza um *acting*. Um paciente que antes e depois da sessão é espontâneo e está bem à vontade, mas que no divã fica tenso e hipertônico, está certamente comunicando alguma coisa! O terapeuta ocupado em decodificar a transferência de um paciente deve *sempre* ficar atento à sua própria contratransferência! Os aspectos verbais e não-verbais da transferência nunca estão separados durante uma sessão de vegetoterapia. Deve-se distinguir a relação transferencial da relação real com o terapeuta e da aliança terapêutica. A importância da transferência reside no fato de que ela "abre" o sistema fechado de qualquer psicopatologia.

Reich sublinhou que, no procedimento terapêutico, inicialmente há uma falsa transferência positiva, seguinda da transferência negativa e, finalmente, acontece a verdadeira transferência positiva. Isso é verdade, mas dado que o projeto terapêutico é uma reparação e uma recuperação dos "bons" genitores, pode até acontecer que não se verifique, obrigatoriamente, a transferência negativa. Isto pode ser explicado da seguinte forma: a "coação a repetir", do terapeuta, faz o paciente sentir, em certo momento, a necessidade de que o terapeuta seja vivenciado *não* positivamente. Por outro lado, se relação terapêutica permitir um contato com a "mãe boa" e o "pai bom" (e isso vai depender de uma contratransferência realmente amorosa!), tudo será diferente!

Em vegetoterapia, a transferência corporal é de natureza energética. O corpo é o modelo exemplar da estrutura especial numa correlação entre as suas partes e o todo e, portanto, como observa G. Pankow, é um modelo dialético.

O indivíduo com núcleo psicótico, o hipoorgonótico, exerce sobre o terapeuta um vampirismo energético. O psicótico foge da transferência e utiliza a ação em vez das palavras. A ação deve ser "adequa- da"; caso contrário a passagem à ação é o sintoma mais grave dos falsos terapeutas, que a justificam como "expressão" de uma ideologia! A passagem à ação deve dar ao paciente a sensação de que o seu corpo-psique tem *limites*. É oportuno considerar as ações corporais como enxerto de transferência. Para um psicótico, cada parte do seu corpo é corpo-partes e totalidade. O doente mental serve-se da possibilidade de deixar o corpo para se refugiar no inconsciente, ou seja, no não-eu. Mas sair do corpo (justificável no caso de um torturado, para não falar!), em outros casos, é uma danação, porque não se tem mais "casa" nem invólucro protetor, e abandonando o corpo joga-se fora, junto com as sensações, também os sentimentos. O homem sem corpo não sabe quem é, não tem identidade, e sem identidade nada existe.

Quando é o paciente quem passa à ação como movimento terapêutico, é oportuno lembrar-lhe: "Você não precisa de autorização, é você que está se permitindo isso". Um indivíduo sadio vive as emoções de olhos abertos! Geralmente, a transferência se instaura sobre a imagem do terapeuta, o qual, repetimos, deve explicar o papel que o paciente lhe atribui. Em vegetoterapia, *a transferência energética é primeiro neurovegetativa e depois muscular.*

Na transferência, podemos encontrar, além de resistência, também aspectos regressivos; por isso é importante avaliar o papel da transferência, o que torna necessário "temporizar" o inconsciente.

É preciso, com a terapia, aprender a falar claro, a comunicar, a se expressar sem medo, e a isso se chega trabalhando com ternura: a transformação caracterial é uma transformação emocional e, portanto, do *como* comunicar. E comunicar não é só informar!

Muitas vezes, uma transferência negativa resolve-se por si só, se, graças à disponibilidade do terapeuta, não houver contratransferência negativa em resposta.

O vegetoterapeuta deve relacionar a transferência ao *acting* que o faz aparecer.

C. Coelho lembra que, às vezes, a atuação de um *acting* substitui uma lembrança, e que os *actings* de cada nível provocam transferências diferentes, ligadas às emoções de como o paciente vivenciou as suas etapas de desenvolvimento *psicoafetivo*. Durante o trabalho nos primeiros níveis, como acontece com o bebê, surge a necessidade de reconhecimento. É oportuno nessas ocasiões dar esse reconhecimento. A transferência é uma condição necessária para a evolução positiva do tratamento, pois exprime a retomada da economia energética do paciente.

Muitas vezes, a transferência é uma resposta à contratransferência (daí a importância da supervisão!); em todo caso, é fundamental o comportamento do terapeuta perante os diversos tipos de "agressão" do paciente e da sua transferência. Superada a defesa narcísica do paciente, transferência e contratransferência têm base afetiva e intelectual.

O paciente em terapia é um sujeito, e não um objeto que se possa utilizar para satisfazer necessidades do terapeuta e compensar suas próprias frustrações afetivas!

No decorrer da terapia, o aparecimento de uma contratransferência negativa verifica-se, muitas vezes, quando não conseguimos eliminar, no paciente, a projeção dos nossos... defeitos! (A palavra "defeito" não tem aqui conotação moralista, exprime apenas uma debilidade!)

Nesses casos, procuraremos comunicar ao paciente como é importante ser *"com"* e não ser *"para"*. Não existe indivíduo isolado que esteja bem! Existe ainda uma falsa transferência negativa, por exemplo, nos indivíduos de sexo masculino (para com o terapeuta de sexo masculino), que é sinal de uma "cobertura" edípica.

A gratificação terapêutica pela superação de uma condição de transferência (ou de resistência) deve ser compartilhada e não avaliada em enfoque sadomasoquista.

A vegetoterapia é uma terapia emocional, e as emoções não são nomes sonoros ou quantidades mensuráveis, mas um sentir enraizado no corpo.

Daí a importância da interação terapeuta-paciente a fim de "sentir"; isso significa, especialmente para o terapeuta, a importância de amar a si mesmo; caso contrário, dominando os conflitos emocionais, ele os derramará sobre o paciente. Portanto é indispensável uma emotividade *não* congelada, para "sentir" *junto* com o paciente!

Uma boa terapia é arte e não técnica!

10) *Riscos para o terapeuta* — todas as terapias e técnicas terapêuticas que trabalham com ou sobre o corpo lidam, em última análise, com a energia vital do paciente. Sabemos, pela orgonomia (e também pelo pensamento oriental), que essa energia pode assumir, em relação às patologias, uma conotação negativa (DOR), capaz de exercer má influência sobre o ambiente e sobre o terapeuta. Por isso, é oportuno prevenir eventuais danos causados pela energia negativa, e para isso considero útil colocar um ionizador no ambiente de trabalho. Serrano escreve: "Em maior ou menor medida, segundo as condições de trabalho e do terapeuta, se produzem sintomas relacionados com a doença, do DOR e, paradoxalmente, enquanto o paciente tende à vida, nós vamos em direção à morte".

Por isso, penso que devemos ser concientes da necessidade de prevenir esse fenômeno e utilizar meios que, funcionalmente, nos dêem a possibilidade de metabolizar o DOR e mantenham nossa capacidade de carga energética. Entre essas medidas, julgo importante detalhar:

a) ventilação permanente do ambiente de trabalho, seja com as janelas abertas e com uso de um ventilador, seja com a utilização de ar-condicionado;

b) à noite, arejar ou lavar as roupas utilizadas no trabalho, bem como os lençóis usados no divã dos pacientes;

c) ingerir muito líquido. Ch. Raphael fala em módicas doses de bebida alcoólica;

d) ao fim de um dia de trabalho, fazer exercícios ao ar livre, ou caminhar após tomar um banho;

e) eliminar do ambiente o uso de relógios de quartzo, bem como fontes eletromagnéticas ou de raios X;

f) utilizar o ORAC (acumulador orgônico) sem DOR ou mesmo o *DOR-buster*;

g) fazer passeios: "na natureza", com banhos em áreas montanhosas e utilizar argila;

h) ouvir um tipo de música filtrada ou com sonoridades orientais;

i) usar periodicamente a sauna ou a câmara de isolamento sensorial (C.A.S.);

j) seguindo o conselho de Navarro, se tivermos vários pacientes com características DOR, distanciá-los durante o dia ou atender um por dia, deixando o intervalo de tempo para permitir metabolizar o DOR;

k) ter, periodicamente, relações sexuais satisfatórias;

l) comer pouco nos dias de trabalho ou ingerir alimentos com baixo teor em calorias e hidratos de carbono;

m) continuar, de tempos em tempos, a vegetoterapia pessoal, por toda a vida;

n) realizar tudo o que possa ser "vital" para um terapeuta (pintar, tocar um instrumento etc.).

Para concluir, lembro que o pior terapeuta é o terapeuta morto: portanto, o principal e mais importante paciente de qualquer terapeuta é ele próprio.

Os *actings*, reações e advertências

Para a recuperação funcional-fisiológica dos sete níveis corporais identificados por Reich no corpo humano, a vegetoterapia utiliza diferentes *actings*.

O *acting* não é um exercício mecânico, de ginástica, como se costuma acreditar, mas a proposta de uma ação dinâmica, intencional, que o paciente realiza com envolvimento de sua neuromuscularidade.

Os *actings* dos três primeiros níveis (bem definidos por M. Origlia como níveis pré-genitais) têm a peculiaridade de solicitar *todos* os nervos cranianos, favorecendo sua ação parassimpaticotônica.

Tais *actings* serão detalhados mais adiante com o respectivo significado psicodinâmico e serão expostas as principais reações específicas e ab-reações emocionais que podem provocar. O mesmo será feito para os *actings* de todos os outros níveis.

Os *actings* dos dois primeiros níveis são *actings* de motilidade. Os do terceiro nível são *actings* de equilíbrio dinâmico, como passagem aos *actings* de mobilidade, específicos dos níveis sucessivos.

Vamos tratar aqui das reações gerais aos *actings* (falaremos mais adiante das específicas a cada um deles), ligadas à ativação do sistema neurovegetativo, assinalando que como os níveis são contíguos e contínuos, o trabalho em um nível específico, muitas vezes, envolve aqueles situados abaixo e acima. Por esse motivo, o terapeuta deverá estar atento, durante a realização de um *acting*, ao que puder observar por conta dos níveis contíguos.

Durante a realização do *acting*, o paciente é convidado a não verbalizar, para permitir que capte as sensações e evite o contato entre mãos, joelhos e pés, para não provocar um "curto-circuito" energético baseado na lei física sobre a função das "pontas".

O *acting* tem um tempo próprio, que deve ser respeitado, para poder "entrar" no *acting*. Deve ser realizado em silêncio, respirando normalmente.

O terapeuta só interfere se uma reação for insuportável para o paciente. É oportuno lembrar que a temperatura do ambiente de trabalho *não* deve ser inferior a 24°.

Deve-se assinalar que todos os *actings* do 2º nível (boca) contribuem para a mobilização do maxilar, cuja importância foi destacada por Reich em seu *Análise do caráter*.

As reações gerais mais freqüentes são:

1) Calor
2) Frio
3) Suor quente e frio
4) Rubor
5) Palidez
6) Espirrar
7) Bocejar
8) Tossir
9) Náusea e vômito
10) Medo ou temor
11) Sonolência
12) Chorar ou lacrimejar
13) "Sensação" do nível
14) Excitação sexual
15) Vibrações musculares ou tremores
16) Movimentos peristálticos
17) Dores musculares ou cãibras
18) Hesitação ou perplexidade
19) Vontade de urinar
20) Cansaço
21) Ansiedade ou angústia
22) Tristeza
23) Parestesias
24) Sensações nos calcanhares
25) Sensações nos lobos do ouvido
26) Sensação de levitar

27) Sensação de unidade corporal

28) Sensação de abandono agradável ou sensação de cair

29) Sensação de "ridículo"

30) Sensações contrastantes nas metades superior e inferior do corpo.

Algumas dessas reações são específicas de determinados níveis corporais.

É importante que, durante a realização do *acting*, o paciente mantenha a posição, deitado no divã, com as pernas dobradas, pés apoiados.

A ausência de sensação relatada pelo paciente após realizar um *acting*, se reiterada, além de poder ser uma resistência, é também sinal da estrutura psicológica do indivíduo. Pela experiência clínica, pudemos observar que, geralmente:

a) o indivíduo com núcleo psicótico "sente", mas não verbaliza;

b) o indivíduo *borderline* "não sente" e não verbaliza;

c) o indivíduo psiconeurótico "não sente", mas verbaliza;

d) o indivíduo neurótico "sente" e verbaliza.

Outra advertência para o terapeuta é a de observar como o paciente *fica* no divã, se deitado tranqüilamente ou se suas mãos e pés ficam "agarrados" ao sofá.

Em vegetoterapia também há reação de "fuga" do paciente, que geralmente se verifica no trabalho com os olhos ou com o diafragma; a primeira porque o indivíduo não é capaz de tolerar a "expressão" da emoção-medo, ligada aos olhos; e a segunda porque o trabalho com o diafragma ataca o masoquismo, e um "bom" masoquista não tem realmente a intenção de sarar, então vai sabotando a evolução da sua terapia!

Outra reação de fuga está associada ao trabalho com o pescoço, o narcisismo; mas, neste caso, é o terapeuta o responsável pela fuga do paciente, se atacar, direta ou precocemente, o seu narcisismo. Cabe lembrar que o narcisismo é um mecanismo de defesa que o paciente deve abandonar gradualmente. Voltaremos ao assunto.

Nunca se deve propor ao paciente um *acting* do nível precedente àquele em que já se "trabalhou" na mesma sessão; isso será feito na sessão seguinte, para respeitar o trajeto da circulação energética, da cabeça para os pés.

A advertência mais importante é a de respeitar a passagem de um *acting* ao seguinte, *só* quando o primeiro tiver alcançado um resultado satisfatório, dissolvendo um bloqueio, para evitar que se forme um *gancho*. Gancho é a persistência de um bloqueio, em um nível não trabalhado exaustivamente, que persistirá, intratável, mesmo se o paciente repetir o procedimento terapêutico,

A única exceção pode ser a resistência ao trabalho com os olhos, que poderá ser superada quando se chega ao pescoço (defesa narcísica!); é por isso que os *actings* dos dois primeiros níveis devem ser repetidos junto com os do pescoço, como veremos adiante!

As ab-reações emocionais

Para compreender as reações emocionais que podem ser provocadas por um *acting*, é necessário aprofundar globalmente o conceito de emoção.

Antes de qualquer coisa, diga-se que a ampliação do campo semântico de "emoção", "afeto" e "sentimento" tem como conseqüência que, muitas vezes, esses conceitos se confundem ou se sobrepõem.

A vegetoterapia trabalha para reconstruir, de maneira funcional, o desenvolvimento psicoafetivo do indivíduo e, portanto, trabalha principalmente com as emoções. Revendo a bibliografia das emoções e afetos, responsáveis pelo comportamento, é oportuno este longo preâmbulo antes de descrever as ab-reações emocionais em geral (porque o específico será descrito junto com a sistemática dos *actings*) e o pensamento pós-reichiano sobre a psicodinâmica desses conceitos.

Para isso, é preciso partir da definição de instinto. O instinto de conservação da vida é único, mas ele se expressa de vários modos.

O instinto não é uma modalidade de resposta, como considera Warren, mas uma atividade (não um comportamento, como pensa Hilgard) que tende à função da vida.

Como assinalou Reich, a vida não tem objetivos, ela funciona. Isso significa que a vida é, o devir é, mesmo se aparentemente parece um progresso temporal. O tempo é; nossa limitação humana leva a falar de futuro; o futuro não existe, existe um contínuo e progressivo presente (o instante fugaz!) ligado ao Cosmo, ao Universo que sempre existiu e sempre existirá, como reitera a lei de Lavoisier!

41

A teoria do *Big Bang* é uma explicação humana muito elegante, mas, antes do *Big Bang*, o que havia? E isso que existia, como e por que existia? Essa tautologia pode ser superada considerando-se o fenômeno vida como uma manifestação do e no Cosmo, que se verifica em equilíbrio dinâmico, e portanto energético, como observaram Prigogine, Frölich, Davidov e outros; uma reciclagem energética.

O atual "momento" humano é realmente um momento na história, ou seja, no tempo, do Universo! A posição esotérica é belíssima, fascinante, explica tantas coisas, mas continua sendo um produto do Homem, certamente não único e sozinho no Universo. Não sabemos aonde a evolução humana conduzirá: o *neopalium* tem zonas "mudas", que um dia "falarão" e modificarão o homem atual; como, em quê, não podemos dizer. Isso exige que o homem esteja aberto e disponível para acreditar, *verificando* tudo o que é proposto, dos OVNIS à extra-sensorialidade, mas sem cair no misticismo ou no mecanicismo!

A característica de todo ser vivo (planta ou animal) é a sensibilidade, cuja manifestação fundamental é o instinto, que realiza as condições de estabilidade com fenômenos de *feedback*. A sensibilidade, em uma acepção mais ampla, é responsável pelo sentimento, que, por sua vez se manifesta como afeto ou como emoção. Pode-se formular a hipótese de que o instinto, quando solicitado (e depois expresso)*do interior*, produz sentimentos com *motivações* afetivas; quando solicitado *do exterior*, produz o sentimento da emoção, que é, portanto uma reação. O sentimento é, portan- to, um "sentir" bem distinto da cognição e da volição, é um estado afetivo indeterminado, que provoca um estado de necessidade: é a tradução subjetiva da quantidade de energia pulsional, que (Freud) pode sofrer conversão, deslocamento, transformação, pois determina um estado de necessidade. Isso significa que é uma atividade energética límbica (que estimula as funções reptilianas) nos animais de sangue quente. Nos outros animais não há sentimentos, mas apenas um estado de alarme, como resposta instintiva da ativação do cérebro reptiliano. Segundo a teoria das emoções de James-Lange, o resultado direto da percepção do objeto-estímulo determina as expressões e as modificações somáticas, e a sensação dessas modificações é vivenciada como emoção.

Uma confusão conceitual ocorre quando se define a afetividade como capacidade de experimentar sentimentos e emoções!

A partir do trabalho de Prigogine e de sua escola sobre a energia dos sistemas biológicos, que devem ser dissipativos, Frölich estudou as oscilações eletrônicas devidas aos momentos de despolarização das moléculas da matéria viva. As ondas eletrônicas, descritas por Frölich, que regulam as reações bioquímicas de um organismo e controlam o soma, *quando* percebidas subjetivamente, coincidem com a manifestação de uma emoção: todo corpo vivo é um sistema aberto, os outros corpos são sistemas fechados.

Quanto às emoções, digamos desde já que os psicólogos da Universidade de Illinois (EUA) recolheram quase seiscentos termos diferentes em inglês para elas. Visto que o vocabulário é tão rico, é oportuno distinguir quais são as emoções primárias e quais as emoções secundárias, que delas derivam.

Tal como foi exposto na teroria de Darwin, no desenvolvimento e expressão emotiva, é fundamental o princípio de oposição e de antítese. Uma emoção, obviamente, não pode ser neutra; será então agradável ou desagradável, positiva ou negativa.

Emoções primárias, positivas ou negativas, são o prazer ou o medo, que são expressos fisiologicamente nas funções neurovegetativas do sistema parassimpático e do simpático.

O princípio de antítese explica por que uma emotividade excessiva limita a afetividade, enquanto uma afetividade excessiva limita a emotividade.

As emoções são expressão de uma reação, e os afetos são expressão de motivações, se considerarmos os sete níveis corporais identificados por Reich, podemos situar esses sentimentos do seguinte modo:

1º nível (olhos, ouvidos, nariz)
Emoção: 1) alarme 2) medo 3) terror 4) pânico;
Afeto: 1) surpresa 2) espanto 3) embaraço 4) desorientação.

2º nível (boca)
Emoção: 1) comoção 2) nojo 3) gosto 4) separação 5) agressividade;
Afeto: 1) depressão 2) ressentimento 3) raiva 4) apego 5) dependência.

3º nível (pescoço)
Emoção: 1) abandono 2) medo de cair 3) medo de morrer 4) inibição;
Afeto: 1) simpatia 2) antipatia 3) interesse 4) orgulho 5) isolamento.

4º nível (tórax)
Emoção: 1) nostalgia 2) ira 3) angústia;
Afeto: 1) tristeza 2) solidão 3) felicidade 4) amor-ódio 5) incerteza 6) ambivalência.

5º nível (diafragma)
Emoção: 1) angústia 2) ansiedade;
Afeto: 1) hostilidade 2) serenidade.

6º nível (abdômen)
Emoção: 1) agitação 2) desespero

Afeto: 1) dor 2) cólera.

7º nível (pélvis)
Emoção: 1) excitação 2) apego 3) prazer 4) destrutividade;
Afeto: 1) potência 2) moralismo-repressão 3) autoritarismo.

Com base no significado biopsicológico de todos esses sentimentos, pode-se dizer que a emoção é filogenética, enquanto o afeto é ontogenético.

Esse longo texto preliminar, antes de tratar das ab-reações emocionais, é para enfatizar a importância da vegetoterapia como método psicocorporal, enquanto a análise caracterial, sozinha, é um processo intelectual que não desbloqueia as emoções ancoradas no corpo (Jacobson-Buscaino). O controle racional das emoções leva à angústia, que muitas vezes se manifesta como angústia existencial, tão "celebrada" por certos filósofos. É bom lembrar o que dizia Spinoza: "O conhecimento intelectual só conduz à evolução e ao progresso se houver *também* conhecimento afetivo". Não é possível que um indivíduo possa pensar dispensando o corpo e experimentar emoções que não invadam a consciência; a separação equivale ao conhecimento mecanicista. É evidente, nesse caso, a dialética entre o homem e o ambiente...

De tudo quanto foi dito, fica claro que as ab-reações emocionais, em vegetoterapia, verificam-se com a incidência dos *actings* nos níveis corporais específicos. Elas serão descritas ao tratarmos dos *actings*.

Os sonhos em vegetoterapia

O *training* terapêutico em vegetoterapia sempre acontece de olhos abertos; e isso, além da importância de respeitar o "aqui e agora", também porque, especialmente quando se trabalha no primeiro nível, dá ao paciente a possibilidade de entrar em contato com seus fantasmas e suas fantasias.

Podemos comparar os fantasmas aos pesadelos e, as fantasias, ao aspecto "de filme" dos sonhos de olhos fechados (e, às vezes, de olhos abertos!).

O terapeuta que conhece a psicodinâmica não tem dificuldade para "ler", durante a verbalização, o significado desses fantasmas ou fantasias; por isso, eventuais sonhos do paciente, relatados na sessão, serão levados em consideração *somente* se tiverem forte carga emocional. Mas quando a terapia chega ao desbloqueio do 5º nível (o diafragma, que é o músculo mais profundo!), os sonhos do paciente devem ser levados em consideração. A interpretação reichiana dos sonhos tem aspectos diferentes da freudiana ou junguiana, porque é preciso relacionar o conteúdo do sonho ao que o contém, ou seja, ao eu corporal.

Sabemos que os animais também sonham, mas só o homem, como animal óptico, é capaz de simbolizar. O símbolo é a intelectualização do sonho, e tem a peculiaridade de ser pessoal, ou seja, cultural.

Uma observação: os nossos sonhos (de olhos fechados!) são "iluminados", e sua luz é a nossa luminescência energética interior.

Sobre o sonho "reichiano", deve-se dizer que a bibliografia não registra, até hoje, nenhuma literatura a respeito. Há somente um trabalho, da terapeuta paulista M. Melo, que acho muito válido e do qual reproduzo boa parte, a seguir:

O sonho é um instrumento importante em qualquer psicoterapia. Na vegetoterapia, ele pode tornar-se especialmente útil para acelerar e aprofundar o processo terapêutico. A vegetoterapia torna a pessoa sensível e consciente de seu corpo, de suas tensões e posturas, assim como dos significados emocionais de tudo isso.

À medida que os bloqueios energéticos vão sendo dissolvidos, possibilitando o fluir da energia pelo corpo, ocorre um duplo processo convergente. De um lado, há desestruturação, decorrente da desorganização da estrutura neurótica preexistente: o desmonte das defesas do caráter provoca desequilíbrio momentâneo. Concomitantemente a essa desorganização, ocorre um forte processo de elaboração, de integração e de reajuste das novas defesas: no nível psicológico, o "eu" vai fortalecendo-se e admitindo novos conteúdos, tornando-se mais abrangente; no nível corporal, vão ocorrendo profundas e, às vezes, até drásticas transformações, que se refletem na condição geral do organismo, na mudança do tônus muscular, na dissolução de tensões musculares, na coloração da pele, na temperatura do organismo etc. E, como era de se esperar, tudo isso acaba refletindo-se diretamente na postura corporal, que está intimamente relacionada com a condição muscular e com a situação energética do organismo. Reflete, portanto, o caráter.

Os sonhos, alguns de modo especial, são não somente indicadores precisos desses processos, mas constituem também, eles próprios, a forma de elaboração, integração e, às vezes, de desbloqueio propriamente dito. Freqüentemente, o processo de desbloqueio de um dado nível, acionado na sessão terapêutica, continua e se completa no momento do sonho, em um movimento natural do organismo em busca da saúde.

O sono propicia um relaxamento muscular maior do que aquele que é mantido pelo organismo durante o estado de vigília. Especialmente no sono REM, fase do sono em que ocorrem os sonhos e que se caracteriza por certo tipo de ondas cerebrais acompanhadas por rápidos movimentos dos olhos. Nessa fase, há um estado de grande relaxamento muscular, do ponto de vista do tônus e do movimento, embora, sob outros aspectos, haja muita atividade. Os olhos, por exemplo, agitam-se como se acompanhassem a ação do sonho. Freqüentemente, a pessoa vai se excitando à medida que o enredo do sonho se desenvolve. Sua respiração pode acelerar-se e o coração disparar, embora o resto do corpo permaneça imóvel. Em REM, ocorre alta excitação autônoma, cerebral e ocular, ao mesmo tempo em que há uma imobilidade e relaxamento muscular. Andar e falar dormindo, geralmente, ocorrem em outra fase do sono, a fase 2, em que não há sonhos.

À medida que a pessoa entra em sono REM e começa a sonhar, seus bloqueios energéticos tendem ao relaxamento parcial, dentro dos limites de sua estrutura caracterológica, permitindo um maior fluxo energético. A um certo momento, a passagem da energia pode ser interrompida ou dificultada por um bloqueio mais forte e que, por isso, não esteja cedendo ao relaxamento natural propiciado pelo sono. Essa situação é, então, representada e elaborada no próprio conteúdo do sonho. Dessa forma, o sonho fornece um "mapa" da situação energética e dos bloqueios do sonhador; mostra os bloqueios e sua atual condição; indica, também, os níveis em que tais bloqueios já estão trabalhados e dissolvidos. Captar tais "dicas" fornecidas pelos sonhos, traduzi-las em linguagem corrente e interpretá-las permite o máximo aproveitamento desse recurso natural de crescimento pessoal. O inconsciente e toda a personalidade, em seus vários aspectos, fornecem pistas, indicam saídas, apresentam análises e sínteses criativas.

A terapia reichiana, ao desbloquear a energia nos vários níveis do corpo, abre possibilidades de novas integrações da personalidade. Abre espaços novos em que novas sínteses rapidamente se apresentam. Uma vez desorganizadas as respostas neuróticas e estereotipadas do indivíduo, um vazio, às vezes incômodo, mas sempre rico, se faz. As respostas neuróticas estereotipadas determinam posturas corporais estruturadas, que, por sua vez, mantêm os bloqueios e, portanto, o equilíbrio neurótico, por meio das tensões crônicas.

Os sonhos podem ser aproveitados como instrumentos terapêuticos para facilitar mudanças posturais rápidas e consistentes com o processo de mudança da personalidade. As mudanças posturais, por sua vez, promovem e refletem o desbloqueio energético de cada nível. O sonho, freqüentemente, indica a "hora certa" de mudar de postura e, também, quais as partes do corpo e os músculos envolvidos em uma determinada atitude de vida. Analisarei adiante alguns sonhos, para esclarecer esses conceitos.

Se estamos falando de posturas corporais, estamos, é claro, falando de atitudes. É útil, então, fazer uma breve reflexão a respeito disso.

Como disse antes, as atitudes, como posturas na vida, também são posturas corporais. Uma mudança de atitude implica transformações em três níveis: mental, emocional e corporal. No nível da mente, é importante que sejam localizadas e explicitadas as imagens associadas àquela atitude que se deseja transformar. É nesse momento que surgem as "personagens" incorporadas por meio dessa atitude. Muitas vezes, essas personagens são inconscientes e rejeitadas pelo ego consciente. No nível das emoções, os sentimentos ligados a uma dada atitude precisam fazer-se presentes e claros. E, no nível corporal, é fundamental entender e localizar a organização muscular específica envolvida nas respostas geradas por tal atitude.

Promover o desbloqueio energético dos vários níveis do corpo significa transformar a personalidade e, portanto, o corpo. Mudanças posturais vão ocorrendo de forma natural, embora, muitas vezes, dramáticas pela rapidez do processo. Os sonhos podem preparar e facilitar essas transformações nos três níveis: emocional, mental e físico. Ao mesmo tempo, uma mudança de postura promove e facilita novos desbloqueios de novos níveis, ao permitir o relaxamento muscular e, portanto, passagem e fluxo de energia para novos níveis. Novas posturas geram novos sonhos, que buscam completar o caminho energético, desbloqueando o corpo, abrindo novas possibilidades. Em síntese, os sonhos e seus conteúdos refletem a história e as questões atuais do corpo e da personalidade.

Situações infantis estressantes deixam suas marcas no corpo sob forma de tensões crônicas. Tais tensões limitam nossas respostas a cada momento da vida, condicionando nossa forma típica de responder, nossas posturas corporais, posturas diante da vida, estilo de vida. Aquilo que nos ameaçou no início da vida continua ameaçando-nos hoje, como se o tempo não tivesse passado, por meio desse processo armazenado no organismo. Tais tensões determinam o conteúdo latente do sonho, do qual fala Freud.

O sono promove um relaxamento profundo. À medida que o corpo vai relaxando, a energia vital tende a fluir mais livremente, até encontrar uma tensão maior que ofereça resistência. Cria-se, então, um conflito físico, que aparece de alguma forma nos símbolos do sonho. O conteúdo do sonho corresponde a uma tentativa de o organismo elaborar o conflito e, assim, promover a dissolução do bloqueio que impede a passagem de energia. Às vezes, essa tentativa é bem-sucedida e o bloqueio cede, provocando sensações agradáveis, integradoras. Outras vezes, isso não ocorre, e sobrevêm ansiedade e sensações desagradáveis, caracterizando assim o sonho que é chamado de pesadelo.

Actings especiais

Na nossa metodologia da vegetoterapia, há dois *actings* especiais por sua aplicação: o *acting* das "caretas" e aquele que, na gíria da nossa Escola, chamamos de "gato" (um tipo de respiração nasal).

É oportuno, a *cada vez* que realizar um *acting* ocular, propor ao paciente que faça, por uns dois minutos, todas as "caretas" que conseguir, ou seja, estimulando os músculos mímicos; isso permite uma distribuição da energia em todo o rosto e, em especial, liga energeticamente o primeiro nível ao segundo.

O *acting* do "gato" consiste em inspirar pelo nariz, de boca fechada, e em seguida expirar pelo nariz, mostrando os dentes, *sem apertá-los*; fazer uma *pausa* e repetir; o "gato" também deve ser feito por uns dois minutos. É uma respiração nasal, soprando, com a mímica agressiva de um felino, que se reflete no nível do abdômen, o nível que precede o sétimo (o da genitalidade, da pélvis).

Esse *acting* transporta a energia na direção da pélvis e, na nossa metodologia, desde que se começa o trabalho com o segundo *acting* (olhos-boca), deve ser proposto no início de cada sessão, durante toda a terapia, como detalharemos adiante.

A introdução do *acting* do "gato", quando se propõe ao paciente o segundo *acting,* dos olhos e boca, tem a seguinte motivação: todos os mamíferos, imediatamente após o nascimento, se agarram ao seio materno, localizado pelo olfato; só o homem "civilizado", devido a um preconceito científico *gravíssimo*, é separado da mãe e tem de esperar mais ou menos 24 horas para iniciar o aleitamento. Neste momento, ele poderá finalmente acionar o olfato em relação ao uso do bico do seio. Isso significa que, voltando a percorrer, com a vegetoterapia, as fases do desenvolvimento psicoafetivo, é necessário respeitar aquilo que, infelizmente não aconteceu ao indivíduo no começo da vida, para permitir que revivencie seus estados emocionais.

Como veremos, o *acting* do "gato" durará mais tempo nas últimas sessões da terapia, como coadjuvante ao aparecimento do reflexo do orgasmo.

Os *actings* das primeiras sessões: ouvidos-olhos-boca

Para melhor compreensão da metodologia, daremos a seguir a descrição dos *actings*, com as explicações inerentes a eles, como ocorre sistematicamente em uma terapia: progressivamente. O que se descreve a partir daqui é uma indicação esquemática, o mínimo para um trabalho terapêutico, pois, evidentemente, os *actings* de cada sessão devem ser repetidos enquanto o paciente não manifestar reações positivas, isto é, sensações agradáveis.

Os *actings* das duas primeiras sessões merecem uma descrição particular, na medida em que supõem a vivência da passagem do paciente da condição fetal à neonatal.

Primeira sessão
Depois da massagem no corpo (que deve ser feita sempre no sentido da cabeça para os pés), o paciente é convidado a ficar deitado, com as pernas dobradas e os pés bem apoiados no divã, recomendando-se que, durante toda a duração da terapia, ele não junte os pés, nem os joelhos, nem as mãos (para respeitar a "lei física das pontas", evitando o curto-circuito energético!).

No ambiente em penumbra, o terapeuta, sentado às costas do paciente, apóia suas mãos "em concha" sobre as orelhas dele. Durante o *acting*, que dura 15 minutos, os olhos do paciente ficarão fechados. Passados 15 minutos, as mãos são tiradas, devagar, e o terapeuta, sentado ao lado, pergunta ao paciente quais as sensações que experimentou, e depois "se alguma coisa lhe passou pela mente" e se o *acting* foi agradável ou desagradável.

Significado deste acting *e reações*: a privação sonora e luminosa parcial coloca o paciente em uma condição mais ou menos semelhante à fetal. As mãos em concha sobre os ouvidos, freqüentemente, provocam a mesma sensação que se tem encostando ao ouvido uma concha grande, como o "barulho" do mar (o feto está imerso no líquido amniótico!).

Se, com esse *acting*, o paciente tiver uma sensação de mal-estar e não de tranqüilidade, é evidente que a sua vida fetal não foi agradável; muitas vezes, neste caso, o paciente apóia as mãos na região umbilical, confirmando o mal-estar vivido na região da "grande primeira boca", conforme a interpretação da *Psicopatologia funcional*.

É evidente e óbvio que, nesse caso, há um núcleo psicótico, que poderá ser muito beneficiado integrando-se à vegetoterapia um tratamento com ouvido eletrônico. Trata-se de indivíduos hipoorgonóticos, para os quais é necessário fornecer, por meio das energias vibratórias do som (além de outros aportes energéticos da orgonoterapia) uma carga de energia a ser "trabalhada" na vegetoterapia. Qualquer outra técnica terapêutica corporal dirigida à vida fetal permite tomar conhecimento e consciência da vivência fetal, mas não dá ao indivíduo a energia de que necessita.

Terminado esse primeiro *acting* nos ouvidos, passa-se a explorar, com a luz, a psicodinâmica funcional dos dois olhos, separadamente, lembrando que o olho esquerdo é "o da mãe" e o olho direito é "o do pai", devido à diferente funcionalidade cruzada dos dois hemisférios cerebrais (para os canhotos, evidentemente, é o contrário). Tapa-se o olho direito para impedir a visão e convida-se o paciente a fitar com o olho esquerdo, por 15 minutos, a fonte luminosa de uma lanterna de bolso (tipo "caneta"), sem incidir com o feixe luminoso diretamente no olho, a uma distância de 25 cm. Após 15 minutos, o paciente faz algumas caretas e passa-se então à verbalização.

Repete-se a mesma técnica para o olho direito e, depois, fitando a luz com os dois olhos. As reações variam do lacrimejamento ao medo.

Significado deste acting: em primeiro lugar, cabe assinalar que a utilização da luz no trabalho com os olhos é fundamental: a fonte luminosa estimula diretamente o músculo ciliar, estimula a epífise, impedindo a produção de melatonina, e ativa a hipófise e toda a atividade cortical (estimulação luminosa intermitente do eletroencefalograma!). O impacto com a luz é o que acontece no nascimento, e *não* deveria ser estressante (cf. *Parto sem violência* de Leboyer); caso contrário (especialmente se o recém-nascido foi então separado da mãe até subir o leite!) provoca sentimentos de medo, até angústia de abandono. O recém-nascido então chora, *mas sem lágrimas*: há um estímulo anormal ao choro, que não encontra as glândulas lacrimais preparadas. Isto faz com que os olhos fiquem cheios de pranto inexpresso, que é a causa da visão "*flou*" característica do astigmatismo (primário), que assim se instala. Voltaremos a este assunto mais adiante. O lacrimejamento ou choro como reação ao *acting* de fitar a luz são reações benéficas, como ab-reação dessa vivência neonatal.

Segunda sessão

Depois de fazer a massagem (lembrando que ela deve ser feita sempre no sentido da cabeça para os pés!), o terapeuta, sentado às costas do paciente, coloca suas mãos abertas ("planas") sobre as orelhas, exercendo pressão sensível por 15 minutos, depois tira-as fazendo-as escorregar, pressionando, na direção do pescoço (lembremos que é importante continuar os *actings* dos ouvidos sem interrupção, mesmo que o paciente reaja agitando-se no divã ou dando sinais de rejeição!). Procede-se então à verbalização.

É oportuno reiterar que, em vegetoterapia, a verbalização terapêutica deve ser de tipo analógico e o menos interpretativa possível; a interpretação é subjetiva do terapeuta, induz à racionalização e expressa uma conduta diretiva!

Significado deste acting: procurar recriar as condições vivenciadas pelo indivíduo no momento do nascimento, quando a cabeça passa pela estreiteza do canal vaginal. As reações do paciente nos informam como ocorreu e como foi vivenciado o seu nascimento.

Pessoalmente, na terapia para o ouvido, limito-me aos *actings* acima descritos. R. Sassone propõe, para os ouvidos, cinco *actings*, com duração de 5 minutos cada:

1) *a membrana*: mãos levemente apoiadas;

2) *a concha*: mãos apoiadas em concha;

3) *a pulsação*: mãos levemente apoiadas e movidas, simulando o movimento da capa de medusa;

4) *a separação*: mãos apoiadas em concha, afastando-as e voltando a encostá-las;

5) *o campo energético*: mãos imóveis, a uma distância de 3-5 cm, para que o campo da cabeça do paciente sinta o campo das mãos do terapeuta.

Terminado o segundo *acting* para os ouvidos, passa-se aos dos olhos e da boca. Os *actings* dos olhos e da boca são associados, pois, como já assinalei, todo mamífero, ao nascer, entra naturalmente em contato com a realidade com todos os seus sentidos; o mesmo não ocorre com o mamífero homem, que, infelizmente, é separado da mãe ao nascer. Com o método da vegetoterapia, procuramos preencher esse "vazio" neuropsicofisiológico.

Para os olhos: fitar com os dois olhos o ponto luminoso da lanterna, a uma distância de aproximadamente 25 cm, durante 15 minutos; depois, fazer caretas por dois minutos, e posteriormente a verbalização. Após a verbalização, propõe-se ao indivíduo que, mantendo os olhos abertos (lembro que toda a vegetoterapia deve ser feita de olhos abertos: aqui e agora!), fique de boca aberta durante 15 minutos; depois a verbalização. Volta-se então aos olhos, sem usar a luz: o paciente é convidado a fitar um ponto no teto, acima de sua cabeça, durante 15 minutos; a seguir, fazer caretas e depois verbalizar. Após isso, novamente de boca aberta por 15 minutos, e então verbalização. Assim termina a segunda sessão.

Significado desses actings, *reações, verbalização*: fitar *passivamente* um ponto luminoso deveria ser bastante fácil para o paciente (não muito perturbado!): é estimular a olhar (ver não é intencional!) uma realidade fora de nós, ou seja, o outro em relação a si. Se não houve estresse após o nascimento, não há reações emocionais, e este *acting* é bastante fácil para o paciente; mas se houve estresse do medo, este é revivenciado com o *acting,* até determinar o choro e, muitas vezes, quando há um núcleo psicótico importante, a reação pode ser de terror, pânico; neste caso, o indivíduo deve ser tranqüilizado, segurando-se sua mão, acariciando seu rosto e seu pescoço. Uma outra reação, expressão de resistência, consiste em girar a cabeça, obrigando o terapeuta a acompanhar com a luz os olhos do paciente — e o terapeuta chamará a atenção para isso! Além disso, pergunta-se ao paciente se a luz se duplicou: ver duas luzes exprime tendência à dissociação; a realidade é uma (uma só luz), e enxergar uma outra significa que o indivíduo, quando *sua* realidade é penosa, tende a criar uma realidade fictícia e fantasmática para se compensar; mas quando "retorna" à realidade "real", esta lhe parecerá ainda pior, depois de sonhar com uma outra realidade.

Geralmente, depois desse *acting*, a verbalização é pouca: não pode haver lembranças da vivência logo após o nascimento, só as sensações desagradáveis e agradáveis fornecem elementos de avaliação.

O mesmo *acting*, sem luz, pressupõe a procura *ativa* de um ponto no teto (que na realidade não existe!), que é o *nosso* ponto de referência. Arquimedes já dizia: "Dêem-me um ponto de apoio e levantarei o mundo!". Esse ponto, que para os astigmáticos (*a-stigma*) é sempre muito difícil de conseguir, é, em última análise, a projeção do "nosso ponto" interior: o verdadeiro ponto de apoio de cada um de nós deveria ser nós mesmos!

Muitas vezes, o paciente se queixa de que não há um ponto para fitar no teto; então, é oportuno convidá-lo a procurar um, "criando-o" e evitando perdê-lo. Além de lacrimejamento ou de choro (reações parassimpáticas positivas!), podem manifestar-se a terror ou o medo (que devem ser transqüilizados!) ou a visão de imagens ou de áreas coloridas (o preto significa depressão). Deixaremos o paciente falar das imagens "vistas" e das lembranças associadas a elas. Lembro uma vez mais a importância de propor ao paciente que faça caretas por uns dois minutos, após *cada vez* que se trabalha com os olhos.

Quanto à boca aberta, é evidente que, como os passarinhos no ninho, é uma atitude de espera para receber alimento na boca (sugar), que pode dar uma sensação penosa, podendo provocar secura na boca (expressão simpaticotônica do medo) ou lacrimejamento, até choro.

Às vezes, o paciente pode ter sensação de fome, e, neste caso, é oportuno que lhe seja dado um torrão de açúcar.

Se a boca ficar seca, é oportuno lembrar ao paciente que isso é sinal de medo. Do quê? Pode não haver resposta, por ser uma emoção muito arcaica.

Aproveito a oportunidade para insistir que, pessoalmente, com base na minha experiência profissional, a emoção básica do medo é responsável pelas resistências e pelas manifestações de transferência negativa (e, por que não, de contratransferência negativa?!).

Terceira sessão

Chegamos assim (teoricamente, pois pode haver necessidade de repetir os *actings*) à terceira sessão. Depois da massagem, o paciente é convidado a fixar o olhar no foco luminoso da lanterna, a uns 25 cm de distância, por 20 minutos: depois fará caretas por uns dois minutos, e então a verbalização.

Passa-se em seguida à boca, que deve ser mantida aberta por 15 minutos; depois a verbalização.

Volta-se então aos olhos, sem usar a luz: fitar um ponto no teto, perpendicular à cabeça, cuidando para não perdê-lo, por 20 minutos; depois das caretas se faz a verbalização.

Volta-se novamente à boca, aberta por mais 15 minutos, depois se faz a verbalização.

Termina assim a terceira sessão, cujo significado é idêntico ao da precedente, e cujas reações e verbalização serão brevemente esclarecidos ao paciente, como leitura terapêutica dos *actings*.

Quarta sessão

Com a quarta sessão, *teoricamente* (ou seja, se não houve reações ruidosas!) termina o primeiro *acting* para os olhos e a boca. A sessão começa, depois da massagem, fazendo o paciente fitar a luz por 25 minutos; depois as caretas e a verbalização.

Passa-se então à boca, aberta por 15 minutos; depois a verbalização. A essa altura, se os *actings* transcorreram sem dificuldade, procede-se à integração energético-funcional dos níveis dos olhos e da boca, propondo ao indivíduo fitar por 25 minutos, sem luz, o ponto no teto, de boca aberta; depois, um pouco de caretas e a verbalização.

2º, 3º e 4º *actings*: olhos e boca

A sessão inicial do segundo *acting* para os dois primeiros níveis caracteriza-se pela introdução, logo no início, depois da massagem, do *acting* chamado do "gato". Esse segundo *acting* da vegetoterapia propõe ao indivíduo revivenciar a amamentação, e como sabemos pela experiência do parto sem violência que o recém-nascido, quando colocado sobre o corpo da mãe, procura com o olfato o bico do seio e logo se agarra a ele, sugando, é óbvio que a respiração nasal é fundamental para ativar o olfato. Ativando o olfato, a respiração nasal carrega a onda energética do corpo para o abdômen e a zona genital. Não é por acaso que a maioria dos mamíferos "se procura e se encosta" com preliminares baseadas no cheiro do outro (para maiores detalhes, cf. textos do *Somatopsicodinâmica* e do *Caracterologia pós-reichina*). A partir desse momento da seqüência terapêutica, o *acting* do "gato" será feito *sempre* no início de cada sessão, até o término da terapia, sendo prolongado nas últimas sessões; até então, será realizado por 2 ou 3 minutos, sem verbalização, apenas perguntando ao paciente se provoca sensações agradáveis ou desagradáveis.

O segundo *acting*, para os olhos, com auxílio da fonte luminosa, propõe ao paciente os movimentos oculares da convergência e da acomodação: convida-se o paciente a seguir o movimento da luz, que fica a uma distância de aproximadamente 25 cm entre os olhos, movendo-se lentamente para a ponta do nariz e depois voltando à posição primitiva, ritmicamente.

O movimento luminoso provoca no indivíduo acomodação e convergência ocular à luz, simulando o que Spitz descreve sobre o recém-nascido que, sugando, olha alternadamente para o rosto da mãe e para o seio materno (que está à altura da ponta do seu nariz).

Na primeira vez, esse *acting* deve ser feito por 15 minutos, seguido por caretas e verbalização. Na vez seguinte, por 20 minutos e, na terceira, 25 (sempre com a luz).

Em seguida, vem o *acting* da boca, que consiste em esticar ritmicamente os músculos labiais, *acting* que simula a sucção, durante 15 minutos, seguido de verbalização.

Volta-se então aos olhos (desta vez, sem usar a luz), propondo ao indivíduo fitar alternadamente um ponto no teto (sempre o mesmo, e cuidando para não perdê-lo) e a ponta do seu nariz, com ambos os olhos, durante 15 minutos; depois as caretas e a verbalização. Esse *acting* é repetido, na sessão seguinte, por 20 minutos.

Às vezes, alguns pacientes, para focalizar melhor a ponta do nariz, durante a convergência sem auxílio da luz, colocam a ponta do dedo indicador na ponta do nariz, como que para "alongá-lo". Nos pacientes de sexo masculino, isso é sinal, confirmado na verbalização, de um problema de adolescência ou infância, de acharem pequeno o próprio pênis (!); e para as pacientes, é sinal de inveja do pênis!

O segundo *acting* óculo-oral é fundamental em vegetoterapia! Com ele se elimina o estrabismo, que é sempre de origem emocional-afetiva, como confirma a verbalização do paciente estrábico.

Depois do *acting* ativo dos olhos, a sessão termina repetindo o *acting* de sugar (15 minutos), seguido de verbalização.

Na última sessão desse segundo *acting*, depois de 25 minutos para os olhos, com luz, e de 15 minutos para a boca, procede-se à unificação ativa dos dois níveis, propondo ao indivíduo observar alternadamente, *durante 25 minutos*, o ponto no teto e a ponta do nariz e, *concomitantemente*, fazer o *acting* de sugar, advertindo para conseguir ritmo e coordenação entre os movimentos oculares e labiais. Seguir-se-ão as caretas e a verbalização.

Significado desse acting *e reações*: como já foi dito, esse segundo *acting* para os dois primeiros níveis induz a revivenciar a amamentação. Muitas vezes, há dificuldade na convergência ocular e em coordenar os movimentos oculares e labiais, sinais que exprimem uma amamentação perturbada ou inadequada. A miopia é expressa pela dificuldade de acomodação e convergência ocular; por isso, a realização satisfatória desse *acting* ocular é *curativa* para a miopia (deve-se aconselhar o paciente a repetir o *acting* ocular em casa, como exercício para os olhos, e usar óculas o menos possível, para chegar à cura da miopia!). A reação física mais comum ao segundo *acting* é o lacrimejamento e até o choro; a reação psicológica é um sentimento de depressão, por ausência de "alguma coisa" (a gratificação da sucção). Se o indivíduo sentir fome, dê-lhe um torrão de açúcar.

A reação positiva a esse *acting* é uma sensação agradável de calor nos olhos e na boca, e um sentimento de paz e bem-estar, às vezes com excitação sexual.

Outro *acting* fundamental é o terceiro: é o *acting* ligado à vivência do desmame.

Depois da massagem e do *acting* do "gato" por alguns minutos, propõe-se ao paciente acompanhar com os olhos, sem mover a cabeça, o percurso da fonte luminosa, que o terapeuta move ritmicamente a 25 cm de distância dos olhos, da direita para a esquerda, até o limite do ombro, e vice-versa. Realiza-se um movimento de lateralização dos olhos que, *como nos demais actings oculares*, deverão habituar-se a *seguir um ritmo*. Da primeira vez o *acting* dura 15 minutos; da segunda, 20; e da terceira, 25, sempre com luz, e depois sem luz. Após o *acting* seguem as caretas por uns dois minutos, e depois a verbalização.

Depois do trabalho com a luz nos olhos, passa-se à boca: convida-se o indivíduo a morder, *mastigando*, um retalho ou toalha, por 15 minutos, e depois procede-se à verbalização.

Passa-se então a repetir o *acting* de lateralização ocular, *sem luz*; isto é, ativamente, na primeira sessão do terceiro *acting,* durante 15 minutos, seguido de caretas e verbalização, e nas sessões seguintes, por 20 minutos, e depois por 25 minutos (esta última vez associando o *acting* da boca-mastigação).

Depois do *acting* da lateralização ocular sem luz, repete-se o da boca, sempre por 15 minutos, seguidos de verbalização.

Significado e reações desse acting: o *acting* de lateralização do olhar e o da mastigação remetem ao momento do desmame, o qual, como se pode deduzir na maioria dos casos, ocorreu precoce ou brusca ou violentamente, provocando no indivíduo desconfiança (pela "novidade" do hábito de se alimentar, em vez de sugar) e raiva (pela perda do doce e quente bico do seio). Instala-se assim a oralidade reprimida. Não foi por acaso que Spitz descreveu o fenômeno do estranhamento por volta do nono mês, que coincide com o período do desmame.

A lateralização do olhar implica "olhar para" e "proteger-se de"... típicos da hipermetropia, para a qual esse *acting* é curativo! Mastigar mordendo a toalha permite o afloramento e a descarga da raiva, na época ancorada nos masseteres, e que costuma gerar ansiedade. A mastigação libera da ruminação obsessiva e da possessividade, mais do que do ciúme. As reações mais comuns ao trabalhar com os olhos são o medo (do que é estranho!) e o lacrimejamento, até o choro, pela impressão visual de estar procurando algo ou alguém que não está mais lá. A lateralização do olhar permite explorar o primeiro elemento psicológico da instauração da ambivalência (direita <> esquerda), assim como, para a boca, querer e ao mesmo tempo rejeitar a mastigação. Com o desmame, ativa-se a neuromuscularidade, e isso leva ao ingresso do recém-nascido na caracterialidade.

Reações freqüentes na boca são: sensação desagradável de um corpo estranho na boca, náusea até o vômito, dor nos maxilares.

A reação do vômito é muito importante: é sinal de diafragma bloqueado no sentido hiperorgonótico (o bloqueio diafragmático hipoorgonótico, característico de núcleo psicótico fetal, *não* provoca, na mastigação-mordida, a reação do vômito). O bloqueio diafragmático que se expressa no vômito está ligado à homossexualidade latente do indivíduo, encontrada no *borderline* e, às vezes, no psiconeurótico. A reação do vômito é expressão ambivalente da rejeição do desmame, e, portanto, do desejo de persistir na amamentação em uma condição simbiótica; portanto, incorporação da mãe (seiopênis), mas também desejo de eliminar (vomitar) essa mãe incorporada; daí o traço homossexual. A associação entre diafragma e homossexualidade será extensamente tratada mais adiante, quando falaremos do trabalho terapêutico no 5º nível, o diafragma.

É óbvio que esse *acting* da boca será repetido até que a reação seja agradável para o paciente. Esse *acting* leva o paciente a reviver sua entrada na neuromuscularidade intencional, isto é, na sua caracterialidade. É de importância fundamental nos indivíduos *borderline*, que são excessivamente movidos pela própria temperamentalidade, por causa do núcleo psicótico "encoberto" que se originou durante o período neonatal (cf. meu livro sobre *Caracterologia pós-reichiana*).

Os últimos *actings* para os olhos e a boca (quarto *acting*) são, respectivamente, girar os olhos e mostrar os dentes.

A rotação dos olhos representa a funcionalidade total do olhar; girar os olhos é tomar posse do espaço circundante e, portanto, ligado ao espaço, o parâmetro tempo, realizando o "aqui e agora", define o momento histórico da pessoa. Entre os mamíferos, só o homem é capaz de girar os olhos *intencionalmente*, e só o homem tem o sentimento da história.

O homem de hoje é definido *sapiens*, mas à luz dos acontecimentos atuais, é um atributo bastante otimista!

A meu ver, o homem é *Homo historicus*, capaz de construir a história, realizando o nascimento do *Homo progressivus*, como espera o transformismo evolutivo de Teilhard de Chardin, confirmado pelas mais recentes descobertas científicas.

Girar os olhos permite historicizar nossa vista e sua psicopatologia, pois no momento em que olhamos para o alto, ou seja, para trás, somos capazes de olhar o passado; quando olhamos lateralmente estamos olhando o presente; quando olhamos para a frente e para baixo, olhamos o futuro.

Esse *acting* envolve o amadurecimento funcional dos músculos oculares e funciona muito bem na terapia da epilepsia essencial (somatização muscular de um núcleo psicótico neonatal), nas manifestações histéricas, particularmente as somatizações, e na presbiopia (vista cansada).

A propósito, deve-se observar que não é por acaso que a presbiopia começa após os 40 anos, porque (embora a medicina oficial a considere "fisiológica"), enquanto os outros distúrbios visuais estão ligados ao período temperamental da vida (enorme influência do sistema neurovegetativo!), a presbiopia é típica da caracterialidade: quando a criança passa da motilidade à mobilidade, quase sempre é solicitada a andar sozinha, criando um estado ansioso pela necessidade de forçar prematuramente a aquisição da quarta dimensão, o espaço-tempo. Por volta dos 40 anos (*"nel mezzo del cammin di nostra vita"*, nas palavras de Dante), advém geralmente a crise existencial caracterizada pela necessidade de fazer um balanço da nossa vida, passado, presente e futuro, e isso influi na muscularidade ocular, de modo análogo à deambulação forçada, provocando ansiedade para poder "ver o futuro"! Este *acting*, portanto, cura a presbiopia! (Nem todos os adultos ficam "fisiologicamente" com a vista cansada!)

Uma outra consideração sobre a rotação dos olhos nos leva a pensar que foi ela o início da hominização, e não o advento da palavra (que só depois da rotação dos olhos se torna consciente, e posteriormente simbólica!), porque o "primeiro" homem que adquiriu a postura bípede, ao "olhar em volta", perguntou-se "de onde venho, onde estou, aonde vou, quem sou..." e observou a imensidão do céu com a rotação dos olhos!...

A rotação *ampla* dos olhos deve ser feita à direita (no sentido horário) por pacientes de sexo masculino e no sentido anti-horário pelos de sexo feminino; ao contrário por indivíduos canhotos. A diferença explica-se pela necessidade de integração funcional dos dois hemisférios cerebrais, que precisam de um equilíbrio para evitar os excessos de "feminilidade" no homem e de "masculinidade" na mulher. Os tempos são os mesmos: com a ajuda da luz, progressivamente, de 15 até 25 minutos; e a mesma coisa sem luz, reservando uma última sessão para o *acting* ocular acompanhado pelo da boca, que (neste quarto *acting*) consiste em fechar os dentes sem apertar e mostrá-los; isso resulta num prognatismo temporário, que mobiliza intensamente a mandíbula.

O tempo para o *acting* da boca é sempre de 15 minutos, com exceção do *acting* final, associado aos olhos, que será, portanto, de 25 minutos.

Significado e reação desses actings: além do que foi dito sobre a rotação dos olhos, é oportuno acrescentar que a introjeção visual do espaço-tempo é determinante na terapia da epilepsia, doença em que a perda dessa dimensão caracteriza a crise epiléptica, em sua peculiar perda da consciência. Mais ainda, o *acting* da rotação dos olhos adquire o significado de estímulo ao amadurecimento do componente histérico de um indivíduo, pois é este a causa da duplicação histérica, como fuga da realidade.

Isso explica a tendência às ilusões, muito freqüente no histérico, que precisa aprender a importância do "aqui e agora" e, portanto, uma vez que as somatizações são conversões corporais de conflitualidade, este *acting* é muito eficaz nesses casos. A rotação dos olhos determina tomar consciência e a cognição do esquema corporal.

Uma das reações mais comuns a esse *acting*, como é expressa na verbalização, é a dificuldade de certos pacientes em conseguir olhar em uma direção determinada durante a sua realização, geralmente por causa de uma "sensação" de medo, que, obviamente, deve ser analisada com critério analógico e não interpretativo, regra de ouro da vegetoterapia. Outras vezes, há a sensação de um cisco em um dos olhos, o que permite a análise psicológica.

Quanto à boca, mostrar os dentes tem dois significados: é uma mensagem social, ou seja, sorrir (olhar para), ou ameaçar uma defesa destrutiva; duas formas de agressividade, a erótica e a destrutiva, como defesa. Mostrar os dentes como sorriso é atitude exclusiva dos mamíferos (quem tem experiência sabe que gato, cachorro, cavalo, macaco etc. são capazes de sorrir, a seu modo. Rir já é outra coisa...).

A reação mais comum é uma vibração da mandíbula, expressão de descarga da tensão que, às vezes, pode provocar um pranto que estava reprimido, ou sensação de frio de natureza neurovegetativa. Mais adiante, falaremos da semântica, globalmente.

Semiologia dos actings *dos dois primeiros níveis*: a semiologia (leitura dos sinais) nasce da semiótica (observação dos sinais) que cada paciente propõe por meio da expressão muscular do seu comportamento.

A semântica (interpretação correta do significado das palavras e das frases de uma linguagem) é particular a cada indivíduo e, infelizmente, muitas vezes, quando mal empregada, dá origem a interpretações equivocadas das mensagens da comunicação ou a uma introjeção simbólica errada, responsável por respostas falsas ou inadequadas aos estímulos ambientais, como pode ser confirmado por qualquer bom psicolingüista.

Antes de resumir os *actings* dos dois primeiros níveis (ouvidos, olhos, nariz, boca — músculos miméticos), sublinhando os principais traços observados na vegetoterapia, é preciso considerar alguns aspectos globais de um paciente em terapia.

Um paciente pode apresentar medo ou reticência e até rejeitar a massagem: é sinal evidente de dificuldade ou de medo do contato, característico de uma condição psicótica.

O psicótico precisa de contato, e por isso o terapeuta deverá estabelecer com ele, durante algumas sessões, um contato verbal para tranqüilizá-lo, procurando fazer com que, durante o diálogo, o paciente estabeleça o contato com o olhar. Se o paciente recusar o diálogo, as primeiras sessões serão silenciosas! Como dizem os psicólogos russos, basta o efeito da presença do terapeuta; esta presença exerce uma função terapêutica muito importante: a instauração de um campo energético semelhante ao campo fusional na vida intra-uterina. Depois, com uma aproximação muito suave, o terapeuta poderá propor e fazer a massagem, a qual, nesses casos, deverá ser realizada por várias sessões contínuas antes de propor os *actings*.

Outros pacientes ficam de olhos fechados durante a massagem: é sinal de medo do que pode acontecer, aqui e agora, na realidade.

Alguns pacientes podem não expressar as sensações desagradáveis ou dolorosas que a massagem pode provocar em determinadas zonas com grande tensão muscular: é um sinal de passividade masoquista.

Em alguns pacientes, a massagem em determinadas zonas deixa a pele avermelhada: é sinal de excessiva carga energética daquela zona.

Há algumas observações gerais de semiologia, relacionadas com a postura do paciente deitado no divã; por exemplo, se ele se "agarra" ao divã com as mãos ou com os dedos dos pés, é sinal de medo de cair, exprimindo má distribuição energética no corpo. A tendência de levar as mãos à nuca para apoiar a cabeça exprime um traço histérico: o paciente fica "de espectador" dele mesmo; a tendência de esticar os braços como um "crucifixo" exprime um traço masoquista de resignação e passividade; a tendência de erguer os pés do sofá é um desejo de se ausentar da realidade; a tendência de agitar as pernas exprime uma ansiedade tibial; a tendência de verbalizar de bruços é clássica no masoquismo; a tendência de erguer a cabeça é um sinal narcísico de bloqueio do pescoço.

O paciente que, em vez de propriamente verbalizar, fala excessivamente, está usando a linguagem como resistência racional. O paciente hesitante em tirar a roupa tem vergonha do seu corpo: a vergonha é medo do julgamento, e o corpo é o nosso eu! O paciente friorento expressa um traço masoquista; o "calorento" é um hiperorgonótico, muitas vezes um psiconeurótico.

Antes de examinar, um por um, os *actings* dos dois primeiros níveis, é oportuno assinalar que esses *actings* envolvem *todos* os doze nervos cranianos, estimulando a atividade parassimpaticotônica e, em particular, lembrar que só utilizando a luz pode-se alcançar o músculo ciliar (além do efeito estimulante que a luz provoca diretamente no córtex cerebral, como demonstra o eletroencefalograma).

Além disso, deve-se ter presente, para a semântica do paciente, que este, com o que diz, muitas vezes nos dá indicações do nível corporal que, no momento, está mais envolvido na sua dinâmica existencial. Por exemplo, um paciente que diz que está confuso, expressa uma mensagem de necessidade de "fixar um ponto", de estigmatizar o seu "aqui e agora"; um paciente que diz "não consigo" manda uma mensagem depressiva; um paciente que diz que "está indeciso" expressa ambivalência; um outro que lamenta que "não dá tempo" é um ansioso, e assim por diante.

Vejamos agora, um por um, os *actings* dos dois primeiros níveis:

A dificuldade para fixar um ponto ou sua duplicação é sinal de tendência a perder o contato com a realidade e de "vagar" com os olhos, nos olhos, para um mundo fantasmático, para fugir da realidade, vivenciada como ameaçadora, característica do núcleo psicótico. A reclamação de que no teto não há um ponto para poder fixar o olhar é a dificuldade para ter um ponto de referência fora de nós, que nada mais é senão projeção do nosso próprio eu, quando o paciente o tem. A duplicação da luz expressa a tendência do paciente a viver duas realidades, uma objetiva e outra subjetiva, fantasmática e tranqüilizadora, quando a realidade objetiva é desagradável.

A boca aberta pode provocar secura na garganta, sinal de medo ou ansiedade da espera (no recém-nascido, a espera do bico do seio!); às vezes aparece dor nos masseteres, como expressão de raiva reprimida e medo de se expressar (abrir a boca para falar!).

Sentir-se ridículo realizando o *acting* (e o mesmo vale para os outros) é sinal de defesa (resistência) narcísica associada ao temor do juízo reativo a uma valoração exagerada (patológica) do próprio eu, o qual, inconscientemente, não é colaborador, mas competitivo!

No segundo *acting*, a dificuldade de convergência é muito importante. O olho que desvia deve ser pacientemente "reeducado" pelo terapeuta, com o auxílio da luz, para permitir que o paciente possa *olhar* sem ambigüidade o ponto fora (o não-eu, o infinito, o abstrato, o símbolo da mãe) e a própria ponta do nariz (o eu, o finito, o si mesmo concreto). Uma boa acomodação e convergência permite saber identificar-se e desidentificar-se, indispensáveis para quem tem a intenção de se tornar um vegetoterapeuta!

Esse *acting* costuma provocar choro ou uma ab-reação de sentimentos depressivos, e a capacidade de poder observar a ponta do nariz sempre traz um sentimento prazeroso e gratificante.

Para a boca, simular a sucção às vezes pode ser difícil, mas repetindo o *acting* essa dificuldade é superada. Deve-se evitar que, nesse *acting*, o paciente assuma o controle do ar, isto é, inspire intencionalmente: o *acting* tem a ver *somente* com o movimento dos músculos labiais! Às vezes, o paciente verbaliza uma sensação de fome, que é oportuno satisfazer oferecendo um torrão de açúcar!

Por vezes, acontece a excitação genital (confirmando o processo de amadurecimento genital, em conseqüência da oralidade satisfatória).

Às vezes, o paciente tende a adormecer, ou adormece mesmo: se não for uma resistência habitual a ser analisada, pode ser um comportamento análogo ao do bebê satisfeito, que, relaxado, adormece. Nesse caso, deve-se perguntar ao paciente se no breve período de sono ele sonhou ou não, e considerar o conteúdo do sonho, especialmente se foi agradável ou desagradável. Geralmente, o sono como resistência aparece logo no começo de um *acting*; quando é gradual e o paciente "luta" contra, é expressão da instauração da parassimpaticotonia provocada pelo *acting*.

No terceiro *acting*, para os olhos: a dificuldade de se adequar ao movimento rítmico da luz, na lateralização do olhar, expressa uma condição de ansiedade removida e controlada; lacrimejamento ou choro são medo do outro (o "estranho" de Spitz) ou raiva reativa a uma condição de impotência. A tendência a mover a cabeça para seguir os movimentos oculares é um sinal de bloqueio ocular compensado pela ação do pescoço (3° nível). A tendência de adormecer pode ser devida a mecanismos de auto-hipnose, como às vezes acontece ao fixar o ponto. A lateralização "toca" a origem da ambivalência.

Para a boca: a rejeição ou relutância em aceitar mastigar a toalha, mordendo, é, *analogamente*, revivenciar o desmame malfeito, que induz no bebê nojo, desconfiança, rejeição de "incorporar" algo desconhecido em vez do bico do seio, como conseqüente medo, raiva, impotência para se opor, com a defesa de "apertar os dentes" e o surgimento de ansiedade.

Às vezes, a rejeição é expressa em náusea ou vômito: há uma brusca mobilização do diafragma (5° nível), sempre hiperorgonótico. Nesse caso, como se verifica nos indivíduos *borderline*, (Cf. *Caracterologia pós-reichiana*), o vômito é também uma tentativa de expelir o núcleo homossexual patente ou latente, determinado pela necessidade de identificar-se com a imagem materna, introjetada mediante incorporação do seio "bom" ou "mau" (diferença entre a homossexualidade masculina e feminina). Como dizia com justeza uma psicanalista americana, é mais fácil "tirar" um pênis fantasmático de uma mulher do que instaurar um pênis real em um homem! Esse *acting* também evidencia as origens da ambivalência: aceitar ou rejeitar morder, mastigar a toalha; além disso, é evidente ele permite descarregar a raiva que está ancorada nos masseteres.

No quarto *acting*: a rotação dos olhos, seguindo a fonte luminosa, deve ser o mais ampla possível. A dificuldade do paciente em olhar para o mundo que o circunda, muitas vezes, é indício de temor e resistência a tomar consciência de seu "ser" histórico, dos seus limites, das suas perspectivas, do seu "ser no mundo".

Algumas vezes, na realização sem luz, há a tendência a "escotomizar" ou fazer a rotação "aos soquinhos", ou "pular" uma angulação ocular; tudo isso deve ser elaborado na verbalização. Na boca, a dificuldade de mostrar os dentes, sinal de agressividade ou expressão de sorriso, indica dificuldade de socialização.

Actings do 3º e 4º níveis: pescoço e tórax

Como já ilustramos no *Somatopsicodinâmica*, o nível do pescoço reveste-se de importância fundamental na vegetoterapia, tanto quanto o nível dos olhos e do diafragma.

O bloqueio energético do pescoço (hipoorgonótico ou hiperorgonótico) apresenta-se em praticamente todos indivíduos, dada a necessidade, por motivos biossociais, de ter de atuar, desde a mais tenra idade, mecanismos de defesa narcísica, os quais, com o tempo, tendem a se cronicizar.

Além das considerações expressas em outras obras (cf. *Somatopsicodinâmica* e *Caracterologia pós-reichiana*), anátomo-fisiologicamente, o pescoço é a área mais vulnerável do nosso corpo (como se confirma no caratê!).

Em vegetoterapia, é importante "vincular energeticamente" o pescoço (3º nível) aos dois níveis acima (olhos e boca = 1º e 2º níveis) e ao nível abaixo (tórax = 4º nível), e, por isso, o procedimento terapêutico é realizado em dois tempos.

O *primeiro tempo* abrange atuar, em sessões sucessivas, a proposta de repetir (depois da massagem e do *acting* do "gato") o *acting* de fitar um ponto no teto, sempre o mesmo, de boca aberta, durante 25 minutos; depois as caretas e a verbalização. Posteriormente, vêm os *actings* específicos para o pescoço, que são dois: o paciente é suavemente colocado com a cabeça "suspensa" para fora da beira do divã, à altura dos ombros. Deve-se recomendar ao paciente para *nunca* levantar bruscamente a cabeça dessa posição (há o perigo de uma lipotimia, ligada à estimulação dos centros neurovegetativos do pescoço). Essa posição será mantida por 15 minutos, embora, muitas vezes, na primeira sessão, seja muito dolorosa e provoque reações desagradáveis, conforme descrevemos adiante. É óbvio que, nesse caso, o paciente tem todo o direito de se queixar, gritar, chorar, xingar o terapeuta de "sádico" e "nazista" etc.! Se não houver necessidade *aparente* de interromper o *acting*, ele deve durar 15 minutos; depois, o terapeuta, *avisando o paciente* para *não* se mover, *não* se levantar, leva a cabeça do indivíduo de volta ao divã, puxando o corpo pelos pulsos ou pelos tornozelos. Faz-se então a verbalização. Aí vem o segundo *acting* do pescoço, que consiste em propor ao paciente a rotação da cabeça, alternadamente, para a direita e para a esquerda, *dizendo* "não" à direita e à esquerda, por 15 minutos; depois é a verbalização, aconselhando ao paciente a ir abrindo e fechando as mãos enquanto fala.

A sessão seguinte inclui (depois da massagem e do "gato") a repetição do segundo *acting* ocular-oral (fixar alternadamente um ponto no teto, sempre o mesmo, e a ponta do nariz, *com os dois olhos, junto* com o movimento labial de sucção), seguido pelos dois *actings* do pescoço. Sempre acompanhados da verbalização.

A seguir, propõe-se (depois da massagem e do "gato") o terceiro *acting* ocular-oral (olhar, e *não* ver, o máximo possível à direita e à esquerda, *sem* mexer a cabeça e, ao mesmo tempo, mastigar, mordendo, uma toalha), seguido dos *actings* do pescoço, sempre acompanhados da verbalização.

É importante lembrar que, *a partir desse terceiro acting do pescoço*, toda vez que o paciente trabalhar com a cabeça para fora do divã, depois de 5 minutos nessa posição, far-se-á uma breve verbalização e se convida o indivíduo a vocalizar a vogal "a" (se for mulher) ou "o" (se for homem), prolongando a sonorização o máximo possível. A vocalização durante o *acting* do pescoço foi um bom enriquecimento da metodologia, proposto por M. Origlia.

A vocalização dura 5 minutos; depois, repete-se a verbalização e recoloca-se o paciente com a cabeça no divã, para proceder ao segundo *acting* do pescoço.

A seguir (depois da massagem e do "gato"), o quarto *acting* ocular-oral (rotação dos olhos por 25 minutos, mostrando os dentes, *sem mexer a cabeça*) e depois os *actings* do pescoço, com vocalização e, como sempre, a verbalização. Quando esse primeiro tempo transcorrer agradavelmente para o paciente, passa-se, como descreveremos adiante, aos *actings* do pescoço seguidos pelos do tórax (4º nível), constituindo o segundo tempo.

Significado e reações dos actings *do pescoço*: o desbloqueio do pescoço é fundamental. Como já explicamos amplamente em outra obra (cf. *Caracterologia pós-reichiana*), no pescoço está ancorado o narcisismo, em seus vários aspectos (primitivo-primário, secundário). Ficar com a cabeça suspensa para fora do divã, embora possa parecer uma posição desagradável, ao contrário, quando se consegue o desbloqueio, proporciona uma sensação de agradável abandono, portanto repousante. Permanecer 15 minutos nessa posição, "à mercê" do terapeuta, com a garganta "exposta", lembra a atitude do lobo, que, quando sente que foi derrotado ao lutar com outro lobo, oferece a garganta ao outro, como sinal de aceitação da derrota, disposto a ser estraçalhado até a morte! No caso específico, o lobo vitorioso nunca estraçalha o vencido e se afasta satisfeito. Infelizmente, só o animal humano é capaz de estraçalhar seu semelhante! Expor o pescoço ao outro vitorioso é sinal de grande humildade e, portanto, de dignidade.

No nível do pescoço estão inscritos os três "h" sublinhados por um psicólogo americano: "humildade, humanidade e humor". Esse primeiro *acting* do pescoço incide fortemente sobre a importância de ser capaz de se abandonar, isto é, de perder o autocontrole, obstáculo basilar para a realização do abandono na potência orgástica, e permite a passagem da energia da cabeça para o resto do corpo. O pescoço deveria ser uma ponte contínua entre teoria (cabeça) e práxis (corpo) na dialética corpo-mente.

A reação mais comum a esse *acting* é a sensação de dor, às vezes muito forte, mas que vai desaparecendo gradual e progressivamente. Quase sempre o indivíduo verbaliza o medo de cair ou sensações de náusea que podem provocar vômito. Neste caso, é necessário ajudar o paciente para que a reação seja o menos brusca possível, e tranqüilizá-lo afetuosamente para que não tenha medo. O medo de morrer é análogo ao orgasmo, do abandono, amplamente descrito na obra de Reich, assim como o medo de cair (cf. *Biopatia do câncer*), que indica um estado de desorgonia, de desequilíbrio energético nos vários níveis corporais.

Outra sensação possível é ter o nariz obstruído, e isso indica a presença de energia excessiva no nível ocular, que tende a ser descarregada através das vias lacrimais nasais. Outras vezes, o paciente pode chorar, lembrando situações existenciais ligadas à "ferida" narcísisca. Às vezes, o paciente é capaz de adormecer, ou porque alcançou uma condição de agradável abandono ou porque, se o pescoço for hipoorgonótico, há uma condição de "flexibilidade cérea". Uma dor interescapular significa que o paciente está "abotoado" à recusa de exprimir alguma coisa.

O significado e as reações do segundo *acting* do pescoço (girar alternadamente a cabeça à direita e à esquerda, dizendo "não") remetem a Spitz, que afirmava que o "não" é expressão importante na formação do reu. Por isso é *importantíssimo* que o "não" seja verbalizado na língua materna do paciente. O mesmo vale para o "eu" que o paciente será depois convidado a expressar, quando se "trabalhar" com o tórax (4º nível).

É óbvio o significado do "não", da maneira como for pronunciado: baixinho, claramente, com hesitação, gritando, chorando, ironicamente etc. A verbalização depois do *acting* esclarecerá conteúdos e emoções. É importante lembrar ao paciente que dizer "não" não é uma negação, mas uma afirmação do próprio ponto de vista, no sentido dialético: é um "não" dialógico, não defensivo! Como bem dizia Raknes: "Uma pessoa incapaz de dizer 'não' não é bondosa, é um fraco!".

É oportuno assinalar que os *actings* verbais podem ser feitos aos berros ou com muita violência. Nesse caso, no fim, vale a pena lembrar ao paciente o que Freud escreveu em uma carta a Einstein, em 1938: "Na Europa há alguém que confunde violência com potência!", pois, para afirmar uma coisa, não é preciso ser violento, basta ser firme, claro, direto.

Sobre a semiótica e a semiologia dos *actings* em geral, acho muito interessante a observação de um colega, G. Gangemi, que assinala como o mesmo *acting*, iniciado mecânica, automaticamente (expressão do cérebro reptiliano), pouco a pouco vai se modificando e se "colorindo" emocionalmente (expressão do cérebro límbico), para concluir serena, clara, linearmente (expressão do neocórtex).

O *segundo tempo* comporta o trabalho conjunto pescoço-tórax, em sessões sucessivas, para promover o desbloqueio energético.

O procedimento metodológico é assim sistematizado:

1) Depois do *acting* do "gato", o paciente fica deitado no divã, com a cabeça para fora, à altura dos ombros (como anteriormente); após 5 minutos (sempre nessa posição), faz uma breve verbalização e é convidado à vocalização prolongada da vogal "a", para o sexo feminino,

ou "o", para o sexo masculino, durante 5 minutos, e depois deve verbalizar, nos 5 minutos restantes, o que essa vocalização lhe trouxe. Depois disso, o paciente volta a se deitar no divã e faz rotação da cabeça à direita e à esquerda, dizendo "não"; depois verbaliza. Durante a verbalização, é convidado a abrir e fechar as mãos, com as costas delas apoiadas no divã, isso *se* o seu tórax for *hipoorgonótico* (pois assim ele "pega" energia) ou, se o tórax for hiperorgonótico, com os braços no divã, mas com os antebraços erguidos e o dorso das mãos para cima, abrindo e fechando-as para baixo (para "descarregar" energia); tudo durante 15 minutos, com verbalização nos últimos momentos do *acting*, perguntando ao paciente se suas mãos estão quentes e os dedos flexíveis ou não. Segue-se então o *acting* de bater os punhos no divã: o paciente é convidado a erguer os braços perpendicularmente ao ombro e, *sem dobrar os cotovelos, apertando os punhos*, bater no divã durante 15 minutos, dizendo "eu"; depois, o paciente fica com os braços levantados e estendidos para cima, com as palmas para dentro e os dedos esticados paralelamente aos braços, e faz a verbalização. O paciente manterá essa posição, com os braços estendidos para cima e com as palmas das mãos *para dentro*, durante 15 minutos, com verbalização nos últimos minutos, perguntando se os braços e as mãos estão leves, se estão quentes ou frios. Este modelo de sessão será feito, *pelo menos*, três vezes consecutivas.

2) Uma sessão do mesmo tipo; só que, em vez de socar dizendo "eu", o paciente deve socar dizendo "não". Esse tipo de sessão também será repetido pelo menos três vezes.

3) Repete-se a mesma sessão, pelo menos três vezes, propondo ao paciente bater *novamente*, agora dizendo "eu".

Significado e reações dos actings *torácicos:* o significado dos *actings* torácicos é diretamente proporcional à sua importância. O tórax é a sede da ambivalência afetiva e da identidade do eu individual; no tórax residem o ódio e o amor; por isso, a funcionalidade torácica é determinante no amadurecimento caracterial. No tórax encontramos a tristeza, sentimento bem diferente da depressão.

Bater os punhos dizendo "eu" é afirmar a própria identidade biológica, identidade geralmente ausente e confusa (homossexualidade patente) nos indivíduos com núcleo psicótico, que têm um "pseudo-eu"; ou, como ocorre com os indivíduos *borderline*, há uma identida-

71

de muito fraca, compensada, coberta por um ideal do eu. Esse *primeiro* socar dizendo "eu" é reforçar o *"eu" intrapsíquico*, a relação consigo mesmo no aspecto psicobiológico de um "eu" feminino ou masculino. Aceitar o próprio "eu" evita que o indivíduo o compense com o papel social do seu "eu". Além disso, esse *acting* provoca uma descarga do ódio e abre o caminho para o *acting* das mãos estendidas, que significam disponibilidade, aceitação, abertura afetiva, espera amorosa, vitória. Socar dizendo "não" dá ao indivíduo a capacidade de expressar um "não" defensivo (depois de ter aprendido a expressar, girando a cabeça e dizendo "não", o "não" dialógico), passando (se for o caso!) à ação.

Dar socos com o *segundo* "eu" (depois de tê-lo feito com o "não") significa expressar o *"eu" interpsíquico*, ou seja o "eu" social, o papel. O primeiro "eu" representa o nome de batismo do indivíduo, o próprio indivíduo, enquanto o segundo "eu" representa o nome de família, o sobrenome. Isto é muito bem expresso na língua francesa, com o uso de *"moi"* e do *"je"*; em italiano, usa-se *"io"* para ambas as situações.

Os *actings* de socar mobilizam a energia torácica, e no tórax está o timo, a glândula voltada para a atividade imunológica, expressão biológica da capacidade de ser e de se defender. Não é por acaso que os fenômenos de rejeição nos transplantes significam que o organismo reconhece algo de estranho a si mesmo e o rejeita. A deficiência imunológica da AIDS está ligada à fragilidade do eu, à deficiência do timo, sem a qual a doença não se manifesta. Essa deficiência (cf. *Caracterologia pós-reichiana*) é muito marcante, em certos indivíduos (com núcleo psicótico, escassa identidade, homossexualidade latente ou patente), desde o nascimento, e por isso é um erro falar de "síndrome de imunodeficiência *adquirida*".

Em muitos indivíduos (*borderline*, com eu frágil, homossexualidade patente, às vezes atenuada para latente), a soropositividade à AIDS pode regredir mediante reforço biopsicológico do eu, com vegetoterapia aliada a terapias energéticas convergentes, energizando e ativando a funcionalidade do timo.

As reações mais comuns a esses três *actings* são:

a) Abertura e fechamento das mãos: pode ser enérgico ou fraco, pode predominar o abrir ou o fechar, e tudo isso indica a atitude existencial do indivíduo no dar e receber, pegar e largar, na sua tendência a possuir e reter ou à generosidade excessiva, dispersiva.

Muitas vezes, esse *acting* provoca dor nos músculos, já hipertônicos, dos antebraços.

b) Como o paciente dá socos: se com força, passivamente, debilmente (e o faremos observar isso no âmbito da sua psicodinâmica); como os dedos se fecham em punho: se ficam semi-abertos, frouxos, portanto, com menor força, se o polegar fica preso entre os outros dedos (necessidade oral de conservar o objeto de transição) (cf. *Somatopsicodinâmica*, sobre a epilepsia) ou se o polegar fica firme, reforçando o fechamento do punho; como o paciente exprime o "eu" e o "não": baixinho, aos berros, sarcasticamente, chorando, com firmeza, serenamente (e o faremos observar isso, com a verbalização, no âmbito da sua caracterialidade); se o paciente pronuncia o "eu" e o "não" quando o punho bate no divã, tudo bem, mas se os expressa quando os braços estão levantados, faremos com que observe a dissociação entre o pensamento expresso e a ação. Muitas vezes, o paciente que "não tem pulso" evidencia movimentos "frouxos" do pulso. Como o paciente coloca as mãos estendidas para cima: se as palmas das mãos estiverem voltadas para a frente, é clara uma posição de rendição ou de defesa do outro ou das circunstâncias existenciais (e o faremos observar isso); se nessa posição os dedos ficam dobrados para dentro, por temor de "ir para".

Muitas vezes, o *acting* das mãos estendidas para cima leva a verbalizar sentimentos associados ao isolamento (que geralmente se confunde semanticamente com a solidão), com manifestações de ansiedade. A ansiedade (que é sempre *ansiedade de espera*) está ligada ao diafragma, como veremos adiante, e esse *acting* é o vínculo entre os *actings* torácicos e os do diafragma.

O estado de ânimo dos braços estendidos relembra a ansiedade, devida ao sentimento de culpa (diafragmático) que o indivíduo experimentou nos momentos de "necessário" isolamento para se masturbar.

A masturbação é um fenômeno natural de todos os animais de sangue quente (inclusive as aves!) e serve para descarregar (energeticamente) o excesso de tensão determinado pela excitação, para que esta não se transforme em agitação!

Muitas vezes, com as mãos estendidas para cima, o paciente tem como reação a sensação de ter entre as mãos "uma espécie de bola": é a sensação do campo energético entre as duas mãos; outras vezes, a sensação é de "uma força" empurrando as mãos para o alto, como se estivesse levitando.

Essa sensação de leveza, como que de "levitar", é freqüente no fim da terapia; ela expressa uma boa distribuição energética, chegando à prazerosa sensação de unidade e harmonia corporal, em um contexto de fusão cósmica.

Ola Raknes dizia que, enquanto o *training* autógeno de Schultz dá ao indivíduo a sensação do peso do corpo, a vegetoterapia dá a sensação de leveza: a pessoa "se sente" energeticamente e "experimenta" sua tendência a confluir no cosmo.

Actings do 5º nível: diafragma

Os *actings* do diafragma são centrados na respiração. Já que todos respiramos, teoricamente não deveria haver dificuldades, mas, pelo contrário, respirar "bem" é a coisa mais difícil. Todos respiramos, mas como respiramos? Geralmente, pensa-se que a pausa respiratória deveria acontecer entre a inspiração e a expiração, mas não é assim: a pausa respiratória deve ser feita após a expiração. Ao inspirar, a pessoa incorpora oxigênio (que os glóbulos vermelhos do sangue veiculam por todo o organismo, como alimento energético) e ao expirar, elimina gás carbônico, resultante do catabolismo. A pausa após a expiração permite a distribuição do oxigênio no organismo, até ser necessário absorver novo oxigênio, depois novamente a expiração e a pausa, e assim por diante.

Além do *acting* do "gato" que, como já dissemos, terá função específica no fim da terapia e que, feito por alguns minutos no início de cada sessão, estimula a ativação diafragmática, no procedimento terapêutico segundo a nossa metodologia é muito importante "amarrar" progressivamente o 5º nível, o diafragma, aos níveis superiores, já "trabalhados". Por isso, a primeira sessão do diafragma pode ser sintetizada da seguinte forma:

1) *acting* do "gato" por alguns minutos, "caretas";

2) *acting* ocular do ponto fixo no teto, de boca aberta, durante 25 minutos, seguido por alguns minutos de "caretas" e da verbalização;

3) respiração *simples*: o indivíduo inspira todo o ar que for capaz e *imediatamente* o expira, de boca aberta, vocalizando, durante a expiração, a vogal "a": ahhh...; o momento da expiração é acompanhado por abaixamento dos ombros, para permitir o completo

esvaziamento torácico-pulmonar; *depois* a pausa (cujo tempo varia muito de um paciente para outro). Após a pausa, novamente inspiração completa, e expiração imediata, dizendo "a", abaixando os ombros, pausa, e assim por diante. Esse *acting* respiratório tem duração de 15 minutos, seguido da verbalização.

Como a sessão dura uma hora e meia, o tempo restante será utilizado (15 + 15 minutos) para realizar os *actings* do 6º nível (abdômen) e do 7º nível (pélvis), que serão descritos adiante.

Na segunda sessão do diafragma, a seqüência é a mesma, só que os *actings* oculares e da boca são da acomodação-convergência e da sucção, sempre durante 25 minutos, seguidos de caretas e verbalização, antes de passar aos 15 minutos da respiração simples diafragmática, como foi indicado, e depois aos *actings* de 6º e 7º níveis.

A terceira sessão do diafragma é *diferente*. Depois que o paciente fez por 25 minutos o terceiro *acting* ocular (lateralização do olhar), junto com o da boca (mastigar a toalha, mordendo), seguido das caretas e verbalização, propõe-se nesta sessão a *respiração de remador*: o paciente segura as pernas dobradas e unidas, com as mãos, à altura dos joelhos, braços esticados; então inspira, puxando os joelhos à altura do peito e aí expira, vocalizando o "a", *abrindo* as pernas para fora, *sempre* com os pés juntos para então juntar as pernas novamente e *faz a pausa*. Depois repete o movimento, respirando da mesma maneira, procurando o seu melhor ritmo, durante 15 minutos. É *importante* respeitar as pausas depois de cada expiração. Passados 15 minutos, procede-se à verbalização, que será seguida pelos *actings* do 6º e 7º níveis, como descrito adiante.

Na sessão seguinte, o *acting* óculo-oral será o da rotação dos olhos, mostrando os dentes (como explicado anteriormente) por 25 minutos, depois caretas e verbalização e então, para o diafragma, novamente a "respiração de remador", seguida pelos *actings* dos dois últimos níveis (sempre com verbalização).

Dessa maneira teremos ligado a função dos dois primeiros níveis com o diafragma (5º nível).

A seguir, vamos "unir" a função do 3º nível (pescoço) com o diafragma, procedendo da seguinte forma:

1) *acting* do "gato" por alguns minutos;

2) cabeça "largada" para fora da beira do divã por 15 minutos, com vocalização (como anteriormente descrito para os *actings* do pescoço) da vogal "a" para as mulheres e "o" para os homens; depois a verbalização;

3) volta à posição deitada no divã e, durante 15 minutos, vocalização do "não" girando a cabeça para a direita e para a esquerda; depois a verbalização;

4) respiração de remador por 15 minutos e verbalização;

5)
6) } *actings* dos 6º e 7º níveis com respectiva verbalização.

Depois de desempenhada de modo "satisfatório" esse tipo de sessão, pelo menos um par de vezes, para "ligar" o pescoço, agora junto com o tórax, ao diafragma, a sessão seguinte deve ser assim realizada:

1) *acting* do "gato" por alguns minutos;

2) *acting* da cabeça para fora do divã, com vocalização, por 15 minutos e verbalização;

3) "voltando" o paciente ao divã, ele é convidado a levantar os braços, *perpendicularmente* aos ombros e, sem dobrar os cotovelos, socar com os punhos no divã, dizendo "não", *concomitantemente* à rotação da cabeça o máximo possível à direita e à esquerda —*bater os punhos ao pronunciar o "não"*. A duração disso é de 15 minutos mais verbalização, na qual os braços ficarão estendidos para o alto, com as palmas das mãos voltadas para dentro.

4) Respiração de remador, por 15 minutos, mais verbalização;

5)
6) } *Actings* dos 6º e 7º níveis e respectiva verbalização.

Esse tipo de sessão também será feito pelo menos mais umas duas vezes, mesmo que já seja "satisfatório", "gratificante".

As sessões sucessivas com o diafragma incluem a execução do *acting* "final" e mais importante da vegetoterapia, aquele que Reich chamou de "medusa".

Esse *acting* merece, portanto, uma explicação detalhada, porque geralmente é na execução desse *acting* respiratório que aparece o "reflexo do orgasmo".

Ilustremos então o *acting* da "medusa", antes de retomarmos a sistemática das sessões do diafragma.

"*Medusa*": indivíduo deitado no divã, com as pernas dobradas e juntas, pés juntos apoiados sobre o divã. Olhos abertos (lembremos que todo o tratamento de vegetoterapia deve ser feito de olhos abertos: "aqui e agora"!).

O indivíduo inspira fundo e *logo* expira, vocalizando-o "a" durante todo o tempo da expiração; concomitantemente desce os ombros, ergue a pélvis do divã, abrindo as pernas e, nessa posição, faz a *pausa*. Retoma o fôlego (inspira) fechando as pernas e, imediatamente, expira com o "a", descendo os ombros e erguendo os quadris, abrindo as pernas, e, nessa posição, volta a fazer *a pausa*. Assim sucessivamente, por cerca 15 minutos, procurando seguir um ritmo próprio, pessoal. Depois disso, a verbalização.

A partir desse momento, a seqüência da sessão é a seguinte:

1) *acting* do "gato" por alguns minutos;

2) *acting* de abrir e fechar as mãos por 15 minutos, sendo os últimos dedicados à verbalização;

3) *acting* de socar dizendo "eu" (o "eu intrapsíquico") por 15 minutos;

4) *acting* das mãos para o alto por 15 minutos, sendo os primeiros e os últimos minutos dedicados à verbalização;

5) *acting* da respiração de "medusa" por 15 minutos, seguido da verbalização;

6)

7) } *actings* dos 6º e 7º níveis, seguidos da respectiva verbalização.

Na sessão seguinte, em vez do *acting* de socar dizendo "eu", substitui-se com o *acting* de socar "não", e na próxima sessão volta-se a socar o "eu" (dessa vez trata-se do "eu interpsíquico").

Chegamos assim ao fim da terapia, para a qual só faltam algumas sessões para os últimos níveis, como ilustraremos adiante, depois de descrever os *actings* dos 6º e 7º níveis.

Observações sobre os actings *respiratórios (diafragma)*: os *actings* da respiração, obviamente, sempre envolvem o diafragma, mas é oportuno lembrar, como assinala a neurofisiologia, que a respiração não é exclusivamente diafragmática.

De fato, temos uma respiração escapular e nucal, em que a atividade diafragmática é ajudada e reforçada pela ação dos músculos occipital, escaleno, espinhal e escapular; e uma *respiração pélvico-abdominal*, pela intervenção dos músculos transversos, particularmente *importantes na expiração*. Lembremos que o abdômen e a pélvis têm estreitas relações, de tipo agonista-antagonista, com o períneo, chamado de "diafragma de baixo".

Deve-se sublinhar que a vegetoterapia insiste particularmente na *função expiratória*. A ansiedade, denominador comum de toda patologia (não somente da psicopatologia), condiciona o indivíduo a ter uma atitude respiratória de tipo inspiratório, em detrimento da expiração (Reich considerava a capacidade de expiração um teste para a ansiedade!). (Uma digressão: no enfoque psicodinâmico, o hábito de fumar é interpretado como ligado à oralidade, mas muitas vezes deve-se à necessidade do fumante de conseguir uma expiração melhor: fumar *obriga a expirar* a fumaça! Isso explica a dificuldade de certas pessoas de parar de fumar, e a utilização da lobelina (excitante respiratório), como coadjuvante nas técnicas para largar o cigarro!

Revisando os *actings* respiratórios, podemos considerar que:

1) o *acting* do "gato" age direta e ativamente sobre o diafragma;

2) o *acting* da "respiração simples", descendo os ombros, age ativamente sobre a respiração nucal e escapular, além do diafragma;

3) o *acting* da "respiração do remador" age ativamente sobre a respiração nucal, escapular e diafragmática, e passivamente sobre a respiração pélvica;

4) o *acting* da "respiração de medusa" age direta e ativamente sobre todos os componentes respiratórios.

A fisiologia oficial ensina que os atos respiratórios são de aproximadamente de doze por minuto. A experiência clínica indica, como observa Hirchfeld e confirma a vegetoterapia, um máximo de seis atos respiratórios válidos por minuto. Como nas outras funções biológicas, é óbvio que cada indivíduo tem o seu ritmo (cronobiologia ligada aos ritmos cosmo-telúricos!), para o qual a constituição corporal é determinante, e, portanto, os atos respiratórios válidos podem ser até menos de seis. Mais de seis atos respiratórios por minuto são um sinal de estado ansioso (às vezes encoberto ou, às vezes, "bem" controlado por certo tipo de caracterialidade).

Deve-se observar que, especialmente na "respiração de medusa", o pescoço é levado em extensão posterior, enquanto, ao se chegar ao reflexo do orgasmo, ele é fletido para a frente, ritmicamente.

Significado e reações aos actings: como descrevemos detalhadamente em *Caracterologia pós-reichiana* e *Somatopsicodinâmica,* o diafragma (5º nível), envolvido nos *actings* respiratórios, é a sede da ansiedade (que pode se transformar em angústia), expressão do traço masoquista de todo indivíduo. A personalidade neurótica (paradoxalmente, a mais sadia que atualmente nos é dado encontrar, em termos percentuais) caracteriza-se apenas pelo masoquismo!

Desbloquear o diafragma, aprendendo a respirar bem, significa ter via livre para a aquisição do caráter genital, o caráter maduro, quando serão também desbloqueados os 6º e 7º níveis.

Como sabemos, o masoquista é quem aceita, sofre e tolera o sadismo de outro, mas... até "certo ponto", quando explode (às vezes perigosamente!).

Qual é esse "certo ponto"? É o ponto máximo que ele pode se permitir reter o fôlego na inspiração; aí é obrigado a expirar, ou seja, explodir.

O masoquista é alguém capaz de transformar o prazer em desprazer, e, portanto, a essa altura da terapia, muitas vezes reage manifestando o masoquismo em seu comportamento:

1) não consegue fazer os *actings*, por considerá-los difíceis (*sic*!), ou, às vezes, manifesta sonolência e até cai no sono!;

2) começa a chorar, para que o terapeuta tenha pena dele (e o terapeuta, no interesse do paciente, não se deixa comover!);

3) a atitude serena e firme do terapeuta fazem explodir a sua hostilidade abertamente ou com um comportamento de sabotagem à terapia. Nesse caso, o terapeuta lembra que isso impede a conclusão da terapia, que já está praticamente no fim;

4) o paciente verbaliza sua desconfiança do terapeuta, da terapia, de si mesmo, se lamenta e reclama, para assim agredir direta e indiretamente o terapeuta e impedir a terapia.

Se essa atitude do paciente persistir por mais de duas ou três sessões, é preciso que o terapeuta lembre como o masoquista, inconscientemente, sente prazer nas frustrações, mas... até certo ponto (!), e por isso é preciso frustrá-lo energicamente. Em certos casos, é salutar ao paciente a ameaça de interromper a terapia, para que ele volte a colaborar. É fundamental que o paciente aprenda a respeitar a pausa respiratória, para evitar, além do mais, uma inútil hiperpnéia (que é antifisiológica!): na música, a pausa é fundamental para a harmonia musical!

Uma reação muito freqüente e de bom significado é o bocejo (parassimpaticotonia). O traço histérico do paciente muitas vezes se manifesta com choro alternado com riso.

Uma boa reação motora é a tendência da pélvis de erguer-se durante a expiração, bem como a sensação de calor difuso no corpo.

Muitas vezes, o aparecimento de movimentos involuntários ou cãibras provoca dores ou medo. O medo deve ser sempre tranqüilizado (é o medo do orgasmo, de que falava Reich).

Mais especificamente, uma dificuldade no *acting* do "gato" expressa o temor de ser agressivo; uma dificuldade na "respiração simples" expressa a presença de uma condição ansiosa; uma dificuldade na "respiração do remador" é sinal de inadequação na coordenação motora do corpo; uma dificuldade na "respiração da medusa", além de inadequação na coordenação, é sinal de medo de se abandonar, se soltar, e ser harmoniosamente rítmico!

Às vezes, como reação à respiração, há tosse, arroto, náusea, dor na boca do estômago, acentuação da peristalse, flatulência (a esse respeito é oportuno lembrar ao paciente que a flatulência é expressão do corpo, como qualquer outra, e portanto ele não deve se envergonhar!).

A sensação de unidade e de harmonia corporal, como a de "levitação", são sinais de desbloqueio diafragmático.

Como se vê, a diversidade das reações leva a considerar como pode ser muito variada a verbalização (afora seus conteúdos específicos!).

Merece atenção especial algo que, freqüentemente, acontece com o paciente durante o desbloqueio do diafragma, quando ele está "eliminando" da sua caracterialidade o traço masoquista. A "explosão" do masoquismo provoca, muitas vezes, sua momentânea exacerbação, que se manifesta em:

1) esquecimento de coisas cotidianas, mesmo importantes;

2) atitudes e comportamentos autolesivos;

3) perda de chaves, dinheiro ou objetos;

4) comportamentos inadequados, atos falhos, gafes, lapsos, somatizações incômodas, auto-rebaixamento;

5) temor de prosseguir a terapia, que é "menosprezada", tendência a fazer reaparecer alguma sintomatologia reprimida, depressão ansiosa etc.

Todas essas manifestações de masoquismo são expressões da destacada auto-sabotagem do masoquista, que chega a ponto de "fugir" da terapia bem quando ela entrou na fase final. O terapeuta deve tranqüilizar o paciente, recomendando-lhe que tenha... "paciência", e previni-lo de tudo o que, eventualmente, possa acontecer.

Assim como é fundamental *não* tomar decisões importantes durante a terapia, é ainda mais quando a terapia chegou ao diafragma! Como observa Baker, esse momento é o mais delicado e perigoso da terapia!

Lembremos que o masoquista é um indivíduo que tem tendência a "implodir", para depois "explodir" destrutivamente. O trabalho no diafragma procurará "administrar" a explosão, tal como "administra" a energia nuclear em um reator atômico; senão a súbita fissão do átomo é como uma bomba atômica, com suas terríveis conseqüências!

A problemática da homossexualidade (patente e latente) de um paciente em geral é expressa com a verbalização do trabalho no diafragma. É tarefa do terapeuta, modelo de heterossexualidade, indagar a motivação, para ajudar o paciente a superá-la.

Actings do 6º nível: abdômen; e do 7º nível: pélvis — sessões finais

Como já dissemos, os *actings* do 6º nível (e o do 7º) são propostos ao paciente quando se inicia o "trabalho" no diafragma. Passemos agora à descrição.

O *acting* do "gato" estimula indiretamente o 6º nível; o *acting* específico do nível é chamado de *acting* do "rabo".

O "rabo" consiste (com as pernas dobradas e apoiadas no divã) em erguer *somente* a pélvis e, *sem reter o fôlego*, movimentá-la *rítmica e transversalmente*, balançando alternadamente para o alto, à direita e à esquerda, por 15 minutos, seguidos da verbalização.

Esse *acting*, obviamente, ativa também a pélvis, se lembrarmos que as vísceras abdominais são separadas das pélvicas pela cavidade peritonal, que vai obliquamente de cima para baixo e para trás.

Esse *acting* é seguido daquele específico da pélvis (7º nível), que é o de "chutar": depois do "rabo", o paciente estica as pernas sobre o divã e, flexionando os pés, mas sem dobrar os joelhos, joga as pernas, *alternadamente*, para o alto, dando chutes na direção do teto, dizendo "não" cada vez que levantar uma das pernas, e depois deixando-a cair *passivamente* sobre o divã. Esse *acting* também dura 15 minutos, seguido da verbalização. A propósito do *acting* do "rabo", vale a pena lembrar que contava o que Reich dizia: "Façam amor, mas respirem!".

Significado e reações desses actings: com o "rabo", mobiliza-se e ativa-se energeticamente o abdômen e a pélvis. A mobilidade sacro-lombar (responsável pela artrose lombar, quando há bloqueio, assim como o pescoço pela artrose cervical!) faz o sujeito aprender que o movimento natural, no ato amoroso, é transversal, como que balançando a pélvis, e não longitudinal, com impulso ântero-posterior; o movimento deve ser rítmico, harmonioso, doce, para se "compenetrar" com o parceiro e abandonar-se sem medo, nem autocontrole. As tensões da pélvis são sinal da repressão sexual, do medo da castração.

A reação mais comum ao "rabo" é a sensação de calor difuso no corpo (às vezes só as pernas e pés são percebidos como frios... sinal de bloqueio energético) e dor nos membros inferiores, especialmente nos músculos adutores das coxas (os "guardiães da virgindade").

Enquanto o *acting* não se tornar agradável, o paciente verbaliza essas sensações se queixando da dificuldade de conseguir um bom ritmo; outras vezes (é óbvio!), verbaliza fantasias ou lembranças ligadas à sexualidade genital.

O *acting* de "chutar" é específico para descarregar o medo inscrito na pélvis. Dar chutes para o alto, dizendo "não", é revoltar-se contra a incumbência de um superego que induz o medo do julgamento, pelo qual se é punido com a castração. Geralmente, o "castrador" do homem é o pai; da mulher, é a mãe (a menos que se tenha tido uma mãe fálica!), e isto pode ser lido na diferença que se observa no *acting* da perna direita e da esquerda. *Como* se expressa o "não" (e, como sempre, isto deve ser observado ao paciente!) também é sinal eloqüente.

Entre as reações mais comuns, há, às vezes, o surgimento de cãibras (por excesso de energia não descarregada), a sensação de que as pernas estão muito pesadas (mais tarde se tornarão leves!), a tendência a dizer "não" quando o pé bate de volta no divã (é como bater o pé no chão dizendo "não", expressão infantil de rebelião e "birra"!), a sensação de calor com suor quente. É sempre oportuno lembrar ao paciente a importância de "encontrar" o seu próprio ritmo, pessoal, de chutar.

Nas verbalizações surgem lembranças de vivências no confronto com a autoridade repressora, ou prazer de poder "mandar para aquele lugar", com os chutes, pessoas ou situações opressoras.

O *acting* do chute solta a tensão dos músculos dorsais onde se acumula a agressividade negativa para com o mundo.

As sessões finais da vegetoterapia

As últimas sessões do tratamento vegetoterapêutico são dedicadas aos três últimos níveis, privilegiando a funcionalidade respiratória. A seqüência dessas sessões é a seguinte:

1) *acting* do "gato" por 10 minutos, seguido da verbalização;

2) *acting* da "respiração de remador" por 15 minutos, seguido da verbalização;

3) *acting* do "rabo" por 15 minutos, seguido da verbalização;

4) *acting* de "chutar" por 15 minutos, seguido da verbalização;

5) *acting* da "medusa" por 15 minutos, seguido da verbalização;

O surgimento do reflexo orgástico anuncia-se por movimentos involuntários, rítmicos (movimentos pré-orgásticos) durante os *actings* respiratório e do "rabo". A sessão é repetida várias vezes, até surgir o *reflexo do orgasmo*: o reflexo orgástico aparece como expressão de um diafragma desbloqueado e encontra também desbloqueados os níveis abdominal e pélvico, ou seja, em condições funcionais que permitem uma livre circulação energética para a zona genital. Anuncia-se com movimentos diafragmáticos *involuntários*, que surgem durante a pausa e se estendem para o alto e para baixo do corpo. Às vezes, o indivíduo fica maravilhado, mas, mais freqüentemente, com medo. Medo de perder o autocontrole, que é o de desmaiar ou de morrer! Afora que, respirando, não é possível morrer (!), é o medo de estar diante de um fenômeno desconhecido!

O reflexo do orgasmo *não* é o orgasmo, mas o sinal de que, com a terapia, o paciente alcançou a potencialidade orgástica, que sua bioenergia é capaz de circular sem os obstáculos dos bloqueios nos vários níveis, da cabeça aos pés; ao passo que o orgasmo é uma convulsão unitária e involuntária de todo o organismo, no auge do amplexo genital; o reflexo do orgasmo é o aparecimento de movimentos involuntários, unitários, que, partindo do diafragma (plexo solar) distribuem-se para cima e para baixo do corpo, dando uma sensação de prazeroso abandono e, às vezes, uma "suave" excitação sexual. O paciente com excitação sexual pode expressar o desejo de se masturbar, por que não? Só que, por uma questão de "bom senso", é convidado a fazê-lo fora da sessão! É evidente que um terapeuta sério *nunca* se deixará envolver no desejo sexual de um paciente! É questão de transferência (ou de contratransferência), a analisar (e levar à supervisão!).

A verbalização dessa reação, muitas vezes, é incomunicável para o paciente: é como estar em "outro mundo", é um "sentir" cósmico, é como "sair fora da pele" etc. Freqüentemente, assiste-se a um pranto suave de alegria, e não o choro triste que pode acompanhar o "prazer" ligado à impotência orgástica. É evidente que, para atingir o reflexo orgástico, deve-se pressupor uma boa carga energética do indivíduo, que desse modo será harmoniosa e prazerosamente descarregada. Esse é o momento final de uma boa vegetoterapia caractero-analítica, é o objetivo que se propõe a terapia para chegar ao caráter genital, o caráter maduro, que fará do homem um ser realmente humanizado, como desejava Schweitzer!

A semântica em vegetoterapia

Assim como a semiótica, e conseqüentemente a semiologia, também a semântica reveste-se de grande importância na vegetoterapia. A maneira habitual de um indivíduo se expressar é manifestação da sua caracterialidade, à qual estão ligados (é oportuno lembrar!) os seus valores existenciais; além disso, a possibilidade de decodificar o modo de falar de um paciente em seu correspondente somático dá ao terapeuta uma chave de intervenção para "trabalhar" determinados níveis corporais. Acrescente-se a isso a função reeducativa que, como dizia Freud, deveria inspirar qualquer terapia e que, no pensamento político reichiano, é fundamental se queremos que, com a terapia, um indivíduo se responsabilize não apenas por ele mesmo, mas também diante da coletividade; daí a necessidade de esclarecer o valor semântico da linguagem, para uma boa comunicação e para uma visão do mundo melhor. É óbvio que uma semântica exata facilita e permite uma comunicação real!

Cada paciente, ao falar, expressa sua maneira pessoal, individual, de interpretar, categorizar, simbolizar, intelectualizar a realidade. Muitas vezes, há confusão entre os conceitos, como usar a palavra "potência" em vez de "poder", ou "depressão" em vez de "tristeza" etc.

É importante prestar atenção nas intercalações no discurso de um paciente: aquele que repete muito "como se" está comunicando a temática da ilusão, cuja solução está ligada ao quarto *acting* ocular (rotação); um outro que diz com freqüência "não consigo" está expressando sua depressividade, ligada ao segundo *acting* ocular-oral, o qual, portanto, deve ser continuado ou retomado pelo terapeuta para superar essa condição; o que relata estar "confuso" está precisando estigmatizar,

87

"focalizar" a tarefa para o primeiro *acting* ocular. É importante distinguir o paciente confuso do "indeciso", que comunica ambivalência: a confusão refere-se ao ponto fixo, a indecisão (ambivalência) nasce da funcionalidade deficiente, ligada ao terceiro *acting* ocular-oral, para depois se ancorar no nível torácico (4º nível).

Sobre o nível correspondente corporal à fala podem-se citar vários exemplos: o 1º nível aparece em frases relativas a prestar atenção, a escutar ou ficar atento, ao choro, ao sono, à confusão mental ou à intuição (farejar!), à curiosidade, aos cheiros; o 2º nível nos fala da alimentação, do paladar, de falar, de ameaçar, de criticar, de falar mal; o 3º nível está ligado a frases sobre autocontrole, orgulho, medo de perder a cabeça; o 4º nível: assumir responsabilidade (ombros), ambivalência, afetividade; o 5º nível conta frases ligadas ao masoquismo, à ansiedade, à pressa, à coragem (fígado), ao rancor, à hostilidade; o 6º nível, à passionalidade, ao cansaço (rins); o 7º nível é referenciado em frases ligadas ao movimento (correr, progredir), ao sexo, à procriação, à vergonha, à proteção.

Deve-se observar que todas as palavras que começam com o prefixo "co" referem-se à sociabilidade, e que o uso excessivo de adjetivos está ligado à afetividade, ao passo que o uso de advérbios está ligado ao sentido de tempo; os advérbios "sempre" e "nunca" são paradoxais, pois exprimem o conceito de eternidade. Muitas vezes, em relação à sua vivência existencial, o paciente fala, a respeito de decisões, ou ações, ou comunicações que desejaria fazer: "não tenho coragem de...", e nesse caso será bom que ele aprenda a dizer "estou com medo de...": a coragem será reservada para algo excepcional!

Quando se usa só a linguagem não temos uma comunicação plena pois ela se utiliza de muitos outros sinais. A respeito da relação pensamento-linguagem, é necessário que o "signo", e, portanto, o "sinal", seja a premissa lingüística que poderá se realizar como palavra (dada pela interiorização pela criança, para criar sua própria linguagem interna).

À medida que o âmbito semântico se amplia, surgem os símbolos, que são ligados ao ambiente sociocultural, e que por isso são, muitas vezes, equívocos. Em vegetoterapia, onde a interpretação se reduz ao essencial, procura-se uma explicação historicamente válida. Em geral, a verbalização "reichiana" não precisa de interpretação simbólica, mas da interpretação analógica, uma vez que está ligada a situações existenciais emocionais do paciente, portanto afetivas e biologicamente inseridas na gestualidade e no comportamento, como comunicação com a realidade.

Reich dizia que, às vezes, uma sessão pode transcorrer sem palavras, porque é bom que o indivíduo se torne capaz de encontrar, através das sensações e emoções, o contato e a comunicação consigo mesmo. Se, com a mediação do terapeuta, conseguirmos falar conosco e formos capazes de nos escutarmos e de "sentir" o estado imaturo da nossa caracterialidade, isto poderá ser enormemente produtivo.

A comunicação deve ser sempre direta, clara; ampliar ou restringir o âmbito semântico comporta sempre equívocos e dúvidas.

Para tal fim, tenhamos em mente que, para o indivíduo com núcleo psicótico, o terapeuta deve ter um "efeito incubadora"; para o *borderline*, deve ter uma função materna (*maternagem*); para o psiconeurórico, função parental; para o neurótico, função amigável.

A crise de transformação caracterial
(maturação) em vegetoterapia
Adendo

Em psicoterapia (e mais ainda em somatopsicoterapia), o tratamento, para ser eficaz, deve colocar o paciente em crise. A palavra crise tem, geralmente, um significado semântico de valor negativo, mas isto é um erro. Toda crise é a premissa para um novo arranjo (um governo entra em crise porque é incapaz de resolver certos problemas que, eventualmente, serão resolvidos pelo governo seguinte!), e o mesmo se dá com a maturação caracterial. A experiência clínica nos diz que um indivíduo com um núcleo psicótico (cf. *Caracterologia pós-reichiana*), com vegetoterapia (mais terapias energéticas convergentes) entra em crise (ou foge da terapia) durante o trabalho nos olhos, para depois recompor-se em posições *borderline*. O indivíduo *borderline* entra em crise durante o trabalho com a boca, para chegar a uma condição psiconeurótica. O psiconeurótico entra em crise durante o trabalho com o pescoço ou com o diafragma, para então recompor-se numa condição neurótica. O neurótico entra em crise durante o trabalho com o diafragma para afinal alcançar a situação do caráter genital.

Cada crise é superação de uma condição de medo. O medo (terror-pânico) do núcleo psicótico, ligado aos olhos, é o medo de morrer; o do *borderline* (ligado à boca) é o medo de não poder sobreviver por causa de uma temida depressão de tipo suicida; no psiconeurótico, o medo é de perder os mecanismos de defesa contra a castração; no neurótico, o medo é medo do orgasmo, vivenciado como perda do eu.

Toda a vegetoterapia trabalha com a emoção do medo, consciente ou inconsciente, em suas várias maneiras de se manifestar.

É claro que, se um alpinista quiser alcançar o pico de uma montanha, terá de enfrentar a escalada, com todos os riscos que comporta, mas se tiver a sorte de contar com um guia experimentado, certamente alcançará sua meta.

O terapeuta é como um Virgílio guiando seu paciente Dante do inferno de seu mal-estar, passando por um purgatório terapêutico, até despedir-se, deixando-o às portas do paraíso que, para nós, é a potência orgástica do caráter genital, o caráter maduro!

O proceso de maturação caracterial faz um indivíduo com núcleo psicótico se transformar numa condição *borderline*; uma condição *borderline* transforma-se em psiconeurose e esta em neurose. Da condição neurótica passa-se à situação genital caracterial.

ADENDO

Recentemente, foram sugeridos, por vegetoterapeutas da SEOr (Escola Européia de Orgonomia) alguns *actings* adicionais aos descritos neste livro:

1) U. Liberati propõe, para pacientes com núcleo psicótico, trabalhar nos olhos com um fundo musical energizante.

2) C. Paolillo propõe, depois de terminar o trabalho no tórax, acrescentar dois *actings*: o primeiro chamado de "ferramentas" e o segundo, de "rotação dos ombros".

3) R. Sassone propõe a rotação da cabeça, à direita e à esquerda, em sincronia com os movimentos do "rabo".

Todo novo *acting* que tenha significado neuropsicofisiológico será bem-vindo à metodologia que descrevemos como esquema básico para a vegetoterapia.

Bibliografia

AMMANITI, M. *Intervento al Seminario di Psicopatología*. Univer. Firenze, 1978. Fooli D'Informazione

BAKER, E. *L'uomo in la Trappola*. Astrolabio. Roma.

BOLBI, R. *L'evoluzione Stratificatta*. Edit. Scientificae, Napoli.

BENEDETTI, G. *Neurosicologia*. Feltrinelli. Milão.

BERARD, G. *Audition egole comportament*. Misson, Nevvi, França.

BROUILLOT, M. *Corps et transferentia*. Reunión SEOR, Paris.

BUSCAINO, V. M. *Neurobiología delle percepcioni*. Edit. Scientifich, Nápoli.

COELHO, C. *Sobre o transferencia durante Trobaho dossar, Tres primeros actings*. Seminario EOLA.

DADOUN, R. *Cent fleurs por W. Reich*. Payot, Paris.

DAUTZEN, R. "Les Émotions". P.V.F., Paris.

DEL GIUDICE, N. "Omeopatía e Bionergética". Cortina-Verona.

DEL MELO AGEREDO, M. O Sonho Reichiano. *Energia, Carácter e Sociedade*, Nº 2. Rio de Janeiro.

EHRENFRIED, L. *De Léducation du corps a l'equilibre de l'esperit*. Anbien, Paris.

FERRI, G. *Psicopatología funcionale*. In prensa.

FORCONI, A. *Le parole del corpo*. Sugarco, Milão.

FORNADI, F. *Genitalitá e cultura*. Feltinelli, Milão.

GUILLE, E. *L'Alchimie de la vie*. Rocher, Mônaco.

—————. *Le lenguage vibratoire de la vie*. Rocher, Mônaco.

—————. *L'energie des piramides et l'homme*. Longinel, Paris.

HINSIE E. CAMPBELL *Diczionario di Psichiatria*. Astrolabio, Roma.

JACOBSON, F. *Biologie des émotions*. E.S.F., Paris.

LABORIT, M. *L'inhibition de l'action*. Masson, Paris.

LEBOYER, F. *Pour une naissance sans violence*. Seuil, Paris.

MONTAGU, A. *Il tatto carganti*. Milão.

NAVARRO, F. *Somatopsicodinámica*. Publicaciones Orgón, Valencia, 1989.

————. *Somatopsicodinámica delle biopatie*. Il Discobolo, Pescana. 1991.

————.*La Caracteriología post-reichiana*. IPSA. Palermo, 1992.

PINUAGA, M. S. La profilaxis orgonómica en el paradigma reichiano.*Energía, Carácter y Sociedad*. Vol. 9 (2). Publicaciones Orgon. Valencia, 1991.

RAKNES, O. (1970)*W. Reich y la Organomía*. Publicaciones Orgón, Valencia, 1991.

REICH, W. (1945) *La función del orgasmo*. Paidos.

————. (1949)*Análisis del carácter*. Paidos.

————. (1948) *La Biopatía del cancer*. Nueva Visión, Buenos Aires.

————.*Bambini del futuro*. (Recopilación artítuclos de 1927 a 1954.) Sugarco, Milão, 1987.

SALMANOFF, A.*Secrets et savessu le corps*. La Table Ronde,Paris.

SELYE, H. *Stress*. E. Monsi, Milão.

SERRANO, X. Diagnóstico diferencial estructural en la Orgonterapia Post-Reichiana.*Energía, Carácter y Sociedad*. Vol. 8 (2). Publicaciones Orgón, Valencia, 1990.

————. Sistemática de la Vegetoterapia - Caracteroanalítica de grupo. *Energía, Carácter y Sociedad*. Vol. 8 (2). Publicaciones Orgón, Valencia, 1990.

————. El D.O.R. (Dearly Orgone Energy), en el espacio terapéutico.*Energía, Carácter y Sociedad*. Vol. 10 (1-2). Publicaciones Orgón, Valencia, 1992.

SPITZ, R. *Il primo anno di vita del bambino*. Giunti, Firenze.

TOMATIS, A. *Vers l'ecoute humaine*. E.S.F. Paris.

Impresso na
**press grafic
editora e gráfica ltda.**
Rua Barra do Tibagi, 444 - Bom Retiro
Cep 01128 - Telefone: 221-8317

- - - - - - - - - - - dobre aqui - - - - - - - - - - - - - - -

> ISR 40-2146/83
> UP AC CENTRAL
> DR/São Paulo

CARTA RESPOSTA
NÃO É NECESSÁRIO SELAR

O selo será pago por

summus editorial

05999-999 São Paulo-SP

- - - - - - - - - - - dobre aqui - - - - - - - - - - - - - - -

METODOLOGIA DA VEGETOTERAPIA

summus editorial

CADASTRO PARA MALA DIRETA

Recorte ou reproduza esta ficha de cadastro, envie completamente preenchida por correio ou fax,
e receba informações atualizadas sobre nossos livros.

Nome:
Endereço: ☐ Res. ☐ Coml.
CEP: _____ - _____ Cidade: _____ Estado: _____ Tel.: ( ) _____
Profissão: _____ Professor? ☐ Sim ☐ Não Disciplina: _____

1. Você compra livros:
☐ em livrarias   ☐ em feiras
☐ por telefone   ☐ por reembolso postal
☐ outros - especificar: _____

2. Em qual livraria você comprou esse livro?
_____

3. Você busca informações para adquirir livros:
☐ em jornais   ☐ em revistas
☐ com professores   ☐ com amigos
☐ outros - especificar: _____

4. O que você achou desse livro?
_____
_____

5. Sugestões para novos títulos:
_____
_____

6. Áreas de interesse:
☐ administração/RH   ☐ comportamento   ☐ holismo
☐ corpo e movimento   ☐ fisioterapia   ☐ educação
☐ saúde   ☐ fonoaudiologia   ☐ musicoterapia
☐ programação neurolingüística (PNL)   ☐ sexualidade
☐ psicologia - qual área? _____
☐ comunicação social - qual área? _____
☐ outras - especificar: _____

7. Gostaria de receber o Informativo Summus? ☐ Sim ☐ Não
8. Gostaria de receber o catálogo da editora? ☐ Sim ☐ Não

cole aqui

Indique um amigo que gostaria de receber nossa mala direta

Nome:
Endereço: ☐ Res. ☐ Coml.
CEP: _____ - _____ Cidade: _____ Estado: _____ Tel.: ( ) _____
Profissão: _____ Professor? ☐ Sim ☐ Não Disciplina: _____

Summus Editorial *Pensando em você*
Rua Cardoso de Almeida, 1287 05013-001 São Paulo SP Brasil Tel (011) 872 3322 Fax (011) 872 7476